CLAIMS ADJUSTER

2026 박손사의

신체손해사정사
2차 전과목

사례·약술 풀이집

+ 100% 무료강의 제공

✔ 전과목, 합격 답안 그대로 수록

✔ 100% 저자직강 무료강의

✔ 저자가 직접 답변하는 커뮤니티

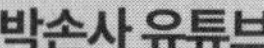

박손사 유튜브

박손사 카페

박관양 저자

머리말

안녕하십니까?

10년 넘게 여러분의 합격을 위해 강의해 온 박관양입니다.

신체손해사정사 2차는 객관식인 1차와 달리, 방대한 이론을 바탕으로 사례를 분석하고 논리적으로 서술해야 하는 주관식 시험입니다. 많은 수험생이 머릿속 지식을 백지 위에 풀어내는 데 큰 막막함을 느낍니다.

이러한 고충을 덜고 가장 확실한 합격의 길을 제시하고자 『사례 및 약술 풀이집』을 출간하게 되었습니다.

2차 시험 합격은 '선택과 집중', 그리고 '실전 출제 의도의 파악'입니다. 완벽한 암기보다는 핵심 쟁점을 짚어내고 채점 기준에 맞게 답안을 구성하는 연습이 중요합니다.

본 교재의 특징은 다음과 같습니다.

1. 사례형 문제 완벽 대비

출제 가능성이 높은 다양한 사례를 수록하여, 쟁점 파악부터 규정 적용, 결론 도출로 이어지는 논리적 답안 구성을 체화할 수 있도록 기획했습니다.

2. 출제 1순위 약술형 엄선

방대한 내용 중 반드시 암기해야 할 약술형 주제만 엄선해, 실전에서 즉시 현출해 낼 수 있는 최적의 모범 답안 형태로 정리했습니다.

3. 실전 중심의 상세한 해설과 답안 작성 팁

기본서 발췌독을 줄일 수 있도록 상세한 해설을 담았습니다. 혼자 공부하더라도 채점자의 눈에 띄는 핵심 키워드, 가점 포인트, 실전 답안 작성 요령을 자연스럽게 익힐 수 있습니다.

여러분의 합격을 진심으로 기원합니다.

편저자 **박관양** 올림

저자 프로필

1. 국민대학교 법무대학원 석사
2. 신체손해사정사
3. 현)유한대학교 외래교수
4. 전)서울사이버 대학 외래교수(FP보험설계)
5. 현)합격의 법학원 교수(제3보험이론과 실무, 보험계약법)
6. 전)한국금융보험교육원 교수(보험업법)
7. 전)일타클래스 교수(손해사정사 시험 전과목 강의)
8. 손해사정사 합격자 실무교육
9. 직업상점 손해사정사 전담 교수

PART 1

의학이론 요약정리

의학이론 중요 기출문제

01. 피로골절

(1) 정의

뼈의 한 곳에 주기적으로 힘이 가해졌을 때 발생하는 골절로 장거리 보행을 많이 하는 군인(행군골절)이나, 지속적으로 점프를 하거나 발차기 등을 많이 하는 운동선수들(스트레스골절)에게 많이 발생한다.

(2) 호발부위

체중 등이 많이 부하되는 부위에 자주 발생한다.

① 경골

② 중족골

③ 종골

④ 대퇴골

02. 구획증후군 (Compartment Syndrome)

(1) 정의

구획증후군이란 외부의 압력으로 막힌 근막 내 공간에 압력이 증가되어 모세혈관의 혈액순환이 저하된 상태를 말한다.

(2) 호발부위 및 증상

가. 탄력이 별로 없는 골과 근막으로 단단히 싸여있는 골격근에서 발생

나. 정상 구획 내의 조직압은 0mmHg인데, 30mmHg이상으로 올라감

다. 조직혈류량이 부족해져 상대적 국소빈혈상태가 됨

라. 조직의 괴사가 발생하면 변형 및 기능소실이 심각(신경손상, 근육괴사, 허혈성구축, 염증과 감염)

마. 발생12시간이 지나면 비가역적인 손상이 발생

바. 빠른 진단과 치료가 매우 중요하다.

(3) 분류

가. 급성 구획증후군

- 외상 후 부상부위에 발생되고 감압술이 필요하다.
- 볼크만(Volkmann)허혈성 구축증 (근육과 신경의 괴사 후 발생된 구축 변형상태)이 발생한다.

나. 만성 구획증후군

운동에 의해 구획 내의 압력이 증가되어 혈액의 순환장애, 통증, 신경마비를 가져오는 질환이다.

(4) 발병원인

가. 급성 구획증후군의 경우는 꽉 끼는 붕대나 석고의 착용 등으로 구획의 크기가 감소

나. 부종, 출혈 등으로 구획 내용물이 증가

다. 부종, 장시간 지체 압박, 화상이나 동상, 과도한 운동, 정맥질환

(5) 5p 증후

> 동통 → 무맥 → 창백 → 이상감각 → 마비

(6) 진단

가. 국소구획의 조직내압을 측정

나. 혈액검사, 소변검사 등 임상검사를 통하여 진단

(7) 치료

가. 부상부위를 심장보다 약간 높게 하여 정맥과 림프의 순환을 촉진시킨다.

나. 신경기능의 저하가 발견되면 석고와 붕대를 제거

다. 조직 내압이 30~60mmHg 이상이면 근막절개술 등의 수술적 조치를 한다.

03. 가스괴저

(1) 세균이 근육층에 침범하여 조직을 괴사, 가스를 생성하는 감염질환

(2) 원인

물건에 찔리거나, 개방창을 통해 침입한 혐기성 균에 의해 발병

(3) 증상

- 잠복기 1~4일, 발병 후 빠르게 진행
- 상처부위 매우 심한 통증, 부종
- 식은 땀, 빈맥, 상처부위 변색과 악취

(4) 치료

괴사부위 모두 제거, 항생제, 고압산소요법

04. 부목고정시행 이유

골절된 골편의 전위를 방지하기 위해서 부목을 사용하지만 석고붕대 시행 전 부종과 고정을 위해 임시적으로 사용되기도 한다.

(1) 추가적인 연부조직 손상을 예방하고 폐쇄성 골절이 개방성 골절로 전환되는 것을 방지

(2) 동통을 경감

(3) 지방색전증 및 쇼크 발생을 감소

(4) 골절 확인을 위해 X-RAY촬영을 용이하게 한다.

(5) 환자 이동을 용이하게 한다.

05. 도수근력검사

의식장애가 있는 환자에서는 대화가 불가능하므로 동통자극으로 사지근육의 긴장력과 근력을 등급기준에 따라 구분한다. 근육의 긴장력과 근력을 등급기준에 의하여 구분할 때 보통 6단계로 나눈다.

등급기준			환자 상태
Grade 5	Normal	100%	정상
Grade 4	Good	75%	약간의 저항을 이겨내고 완전운동범위를 수행할 경우
Grade 3	Fair	50%	중력을 이겨내고 완전운동범위를 수행할 수 있으나 저항을 이기지 못하는 경우
Grade 2	Poor	25%	중력을 제거한 상태에서 능동적 운동범위를 수행 할 경우
Grade 1	Trace	10%	관절운동이 없으나, 약간의 근수축이 있는 경우
Grade 0	Zero	0%	관절운동은 물론, 근육수축도 전혀 없는 경우(완전마비)

06. 전방십자인대 손상

(1) 진단검사(신체검진 소견)

   전방전위 검사, 라크만 검사, 축이동 검사

(2) 가장 대표적인 영상진단방법 : MRI, 관절내시경, stress view

07. 당뇨의 진단기준

(1) 8시간 이상 공복 혈당이 2회 이상 126mg/dL 이상

(2) 당부하검사 2시간 후 200mg/dL 이상

(3) 당화혈색소 6.5% 이상

(4) 무작위 시간에 측정한 혈당이 200mg/dL이면서 당뇨병의 전형적인 증상(다뇨, 다음 등)이 있는 경우

08. 두통의 위험신호

(1) 갑자기 시작한 처음 있는 심한 두통

(2) 50세 이후에 새로 시작되는 두통

(3) 정도가 점점 심해지는 두통

(4) 신경학적 증상이나 징후가 동반되는 두통

(5) 열, 발진 또는 목의 경직이 동반되는 두통

(6) 의식의 변화가 동반되는 두통

09. 고혈압

(1) 금연, 심혈관 질환 감소를 위함.

(2) 금주, 다량의 음주는 혈압을 상승시키고 심혈관 질환을 증가시킨다.

(3) 운동, 지속적인 운동은 혈압을 감소시킨다.

(4) 체중감량, 남성형비만(상체비만)은 고혈압과 많은 관련이 있다.

(5) 식이조절, 고지방, 과도한 에너지 섭취를 제한하고, 과일이나 채소 위주로 식사한다.

(6) 스트레스 조절, 스트레스는 고혈압의 합병증인 뇌졸중, 심근경색을 유발한다.

10. 활막관절

(1) 활액으로 차 있는 관절강 내, 양쪽 뼈는 연골로 덮여 있고, 나머지 둘레는 관절낭으로 덮인 관절
관절강 내 활액은 양쪽 뼈의 마찰을 감소시켜 부드러운 운동을 제공하며, 관절낭 주변 인대는 관절 운동을 보강하고 제한한다.

(2) 기능

- 인체의 안정유지
- 관절의 강도와 경직을 유지
- 활액막이 있는 뼈 사이에 마찰 없이 부드러운 운동을 제공

11. 슬내장 진단 시 손상이 의심되는 조직

(1) 내 외측 반월상 연골

(2) 내 외측 측부인대

(3) 전 후방 십자인대

(4) 골연골

(5) 관절 활액막

12. 관절강직

(1) 관절을 이루는 뼈, 연골, 주변 조직이 굳어져서 관절 운동에 제한이 있는 상태

불완전 강직, 완전강직

(2) 원인

장기간 고정, 골절주위 연부조직 유착, 근위축 초래, 관절 탈구나 아탈구, 관절내 골절, 인대손상

13. 부정유합

(1) 골편들이 정상적인 해부학적 위치가 아닌 상태로 유합되는 것, 각 형성, 회전변형, 사지단축

(2) 부정확한 정복, 고정이 충분하지 못한 경우, 심한 연부조직 손상이 동반된 경우, 치료의 지연, 다발성 손상, 중추신경계 손상에 의한 경련성 마비

(3) 치료

하지 관절내 부정유합은 관절염으로 진행되므로 수술

14. 족근관 증후군

(1) 족근관
- 종골 내측 벽 위에 위치한 터널모양 구조물
- 발가락을 굴곡시키는 근육의 건과 후경골신경, 혈관이 통과

(2) 정의

족근관을 통과하는 후경골신경이 압박을 받아 나타나는 증상들

(3) 원인

외상, 근막비후, 건막염, 지방종 등

(4) 증상

발바닥의 이상감각, 작열감, 아치부위 통증, 근력 저하로 인한 파행

(5) 검사

병력청취, 티넬징후, MRI, 초음파, 근전도, 신경전도검사

(6) 치료

스테로이드 주사, 감압술

15. 75세 남자, 우측 대퇴경부 골절, 수술이 늦어지고 심한 골다공증, 합병증 및 수술적 방법

(1) 국소합병증

가. 무혈성괴사 : 대퇴경부의 전위골절인 경우, 동맥으로부터의 혈액공급에 차질이 생겨 무혈성괴사가 발생할 수 있다.

나. 골다공증이 있는 상태이므로 내고정물의 고정이 실패할 가능성이 있다.

다. 장기간 침상안정으로 인한 감염, 특히 폐렴 등의 위험이 있다.

라. 고령의 환자의 경우 대퇴경부의 골다공증, 혈액공급 저하, 황색골수 등으로 인해 골유합이 늦어지거나, 골유합이 되지 않거나, 비정상적으로 유합이 될 수 있다.(지연유합, 불유합, 부정유합)

(2) 합당한 수술적 방법은 고관절 인공관절 치환술이다. 70세 이상 고령자에서 전위되거나, 3주 이상 치료가 지연된 대퇴 경부골절은 인공관절 치환술의 대상이다.

16. 골다공증

(1) 정의

가. 뼛속에 구멍이 많이 생긴다는 뜻

나. 골다공증은 뼈의 양이 줄어들어 뼈가 얇아지고 약해져 잘 부러지는 질환을 의미

(2) 원인

가. 칼슘의 흡수 장애, 위를 잘라내는 수술, 장에 발생한 만성적인 염증성 질환, 쿠싱병, 신경성 식욕 저하증 등으로 칼슘을 적게 먹거나 먹더라도 흡수가 제대로 안 되면 골다공증이 생긴다.

나. 비타민 D 결핍

다. 폐경으로 에스트로겐이 감소

라. 약물 항응고제(헤파린), 항경련제, 갑상선호르몬제, 부신피질호르몬, 이뇨제 등의 치료제

마. 가족력 : 어머니나 자매가 골다공증일 경우 골다공증이 발병할 확률이 높다.

바. 과다한 음주

(3) 증상

가. 척추뼈가 약해져서 척추가 후만 변형되거나 압박되어 신장이 줄어든다.

나. 경미한 외력에도 골절의 위험이 높다.

다. 50~70세 여성의 골절은 주로 손목에서 먼저 발생

(4) 진단

　　가. 골밀도 검사를 통해 확인되는 티 수치(T-scores)로 판단

　　나. 수치가 -1 이상이면 정상이며

　　다. -1 ~ -2.5 사이면 골감소증

　　라. -2.5 이하일 경우 골다공증

　　마. X-ray 검사를 진행

구분	정상범위
정상(Normal)	정상 성인 골밀도의 1.0 표준 편차 이내의 감소 (BMD > -1.0 SD)
골 결핍증(Osteopenia)	정상 성인 골밀도의 1.0~2.5 표준 편차 이내의 감소 (-1.0 SD > BMD > -2.5 SD)
골다공증(Osteoporosis)	정상 성인 골밀도의 2.5 표준 편차 이하의 감소 (BMD < -2.5 SD)
고도 골다공증 (Severe osteoporosis)	정상 성인 골밀도의 2.5 표준 편차 이하이면서 이미 골절이 있는 경우 (BMD < -2.5 SD & 골절)

(5) 치료

　　가. 칼슘 제제 : 적절한 칼슘은 골량을 유지해 주며 골량의 소실을 지연한다.

　　나. 비타민 D : 장관에서의 칼슘 섭취를 증가시키고, 골 흡수와 골 소실을 감소시킨다.

　　다. 칼시토닌 : 골다공증에 사용하면 통증이 감소하는 효과가 있다.

　　라. 에스트로겐 : 폐경기 여성의 급격한 골 소실을 줄일 수 있다. 장기간 복용할 경우 유방암, 정맥혈전증, 뇌졸중 등이 발생할 가능성이 있다.

　　마. 골흡수억제제제(비스포스포네이트) : 골밀도를 증가시키고 골절률을 낮춘다.

　　바. 불화나트륨(NaF) : 골량을 골절 한계치 이상, 또는 정상 범위까지 증가시킬 수 있다.

　　사. 부갑상선호르몬 : 골량을 증가시킨다.

　　아. 스트론튬 : 골 형성을 증가시키는 반면 골 흡수는 억제한다.

17. 대상포진, 65세 여자 왼쪽 가슴과 등에 걸쳐 가려움과 통증 발생, 같은 부위에 수포발생

(1) 정의

　　수두-대상포진 바이러스(varicella-zoster virus, VZV)가 소아기에 수두를 일으킨 후 신경 주위에 무증상으로 남아 있다가, 수두-대상포진 바이러스에 대한 면역력이 떨어질 때 신경을 타고 나와 피부에 발진을 일으키면서 심한 통증을 유발하는 질환을 말한다.

(2) 원인

　　가. 고령, 면역 저하제 사용, 이식, 에이즈 등으로 인해 면역력 저하

(3) 증상

　　가. 신경이 있는 부위이면 얼굴, 팔, 다리 모든 신체에서 생긴다.

　　나. 심한 통증, 발열, 수포

　　다. 대상포진의 수포는 신경을 따라 발생(발진, 수포, 농포, 가피 등 여러 단계의 병변이 산재한 양상)

(4) 진단

　　가. 피부 병변의 모양을 확인

　　나. 현미경적 검사, 바이러스 배양 검사, 분자 유전자 검사를 시행

(5) 치료

　　항바이러스제, 진통제를 사용

18. 자궁경부암 (cervical cancer)

(1) 정의

　　가. 자궁의 약 4분의 3을 차지하는 몸 부분(체부)과 질로 연결되는 목 부분(경부)으로 나뉘며

　　나. 자궁경부암은 자궁의 목 부분인 자궁경부에 발생하는 암을 의미

(2) 원인

　　가. 인유두종 바이러스(HPV : Human Papilloma Virus)

　　나. 인간 면역 결핍 바이러스

　　다. 헤르페스 바이러스 감염

(3) 증상

　　가. 비정상적 출혈

　　나. 악취가 나는 분비물 또는 출혈성 분비물

　　다. 배뇨 곤란

　　라. 아랫배와 다리의 통증

(4) 진단

　　가. 질확대경 검사를 통한 생검

　　나. 자궁경관 내 소파술

　　다. 자궁경부 원추생검

　　라. 배설성 요로 조영술

　　마. 방광경 검사

　　바. 복부와 골반의 자기공명영상(MRI) 검사

　　사. 복부와 골반의 양전자 방출 단층촬영(PET)

(5) 치료

가. 원추 절제술만 시행하고 자궁을 보존한다.

나. 근치적 자궁 절제술과 골반 림프절 절제술

다. 방사선 치료

라. 항암제 치료를 시행

19. 병적골절의 전신적, 국소적 병변

(1) 병적골절(pathologic fracture) (2009년, 2016년 기출)

1) 정의

정상인 골보다 골의 강도가 약해져 작은 외력에도 쉽게 발생하는 골절을 말한다.

2) 발병하는 주요 원인

① 양성 및 악성 골종양

② 골 감염

③ 골다공증

④ 변형성 골염

⑤ 매독

3) 진단

① 문진 : 과거의 병력, 가족력

② 이학적 검사 및 단순방사선검사

③ 혈액검사, CT, MRI, 골 스캔, 생검

4) 호발부위

① 척추(골다공증)

② 대퇴경부, 고관절부위

③ 요골 원위부

5) 치료

① 원인질환의 종류와 상태를 규명

② 석고붕대 고정

③ 재활 운동 치료 시 약한 외력에도 골절을 일으키므로 주의를 기울여야 한다.

20. 29세 환자, 요척골 분쇄골절, 예상 합병증은?

(1) 요척골 결합.

요골과 척골이 동일한 부위에서 골절될 경우, 골유합 과정에서 유합될 수 있다.

(2) 구획증후군.

흔치 않지만 전완부 골절에 의한 구획증후군이 발생될 수 있다.

(3) 볼크만 허혈성 구축.

전완부의 외상, 구획증후군 등으로 인해 근육손상과 부종으로 인한 내부압력이 증가되고, 그로 인한 혈관 압박으로 근육의 수축과 괴사가 발생하여 수부 변형과 같은 볼크만 허혈성 구축이 발생될 수 있다.

(4) 지연유합, 불유합, 부정유합(각 형성이 발생되는 경우 회내, 회외 제한).

(5) 감염, 골수염.

(6) 재골절.

(7) 정중, 요골, 척골신경 손상.

21. 50세 환자, 고관절 비구부 골절, 탈구로 수술, 예상 합병증을 서술하시오.

(1) 좌골신경손상.

(2) 무혈성괴사.

(3) 이소성 골화증, 연부조직의 석회침착, 화골이 발생.

(4) 외상성 관절염, 관절 연골의 비가역적 손상이 있는 경우.

(5) 재탈구, 사고 시 관절막, 주변 건, 인대 손상으로 정복 후에도 재탈구가 될 수 있다.

(6) 관절강직.

(7) 불유합.

22. 중족부 구조물

주상골, 입방골, 내측, 중간, 외측설상골.

23. 대퇴골 원위부 관절내 골절, 골절편을 견고하게 고정시켜야 하는 이유

(1) 슬관절은 해부학적 고정이 어렵다.

(2) 골다공증에 의해 내고정물의 실패가 발생될 수 있는 부위이다.

(3) 관절면의 부조화를 남겨 부정유합 또는 불유합이 발생되기 쉽다.

(4) 외상성 관절염, 퇴행성 관절염이 발생할 수 있다. 따라서 정확한 해부학적 정복, 내고정물의 실패 방지, 관절면의 부조화 및 관절염 예방을 위해 관절내 골절편을 견고하게 고정시켜야 한다.

24. 결핵 진단검사

(1) 결핵균에 감염된 상태. 대부분 폐에 감염. 그 외 신장, 뼈 등.

(2) 원인균

결핵균, 비말전파.

(3) 진단검사

피부반응검사(투베르쿨린 용액), 흉부 단순 방사선검사, 객담 도말검사, 객담 배양검사.

25. 간암 위험요인

(1) 분류

- 원발암 : 간세포에서 기원, 발생된 악성종양
- 전이암 : 간은 생리학적 특성상 전이가 잘 되는 장기

(2) 전암병변 및 위험요인

- 만성 B형 간염 및 바이러스 보균자.
- C형 간염 및 바이러스 보균자
- 간경변증
- 지방간 및 지방간염

(3) 진단검사

CT, MRI(역동적 조영증강), 간초음파 등

(4) 치료

간동맥 색전술, 경피적 에탄올 주입술, 간이식술.

26. 간경변증(간경화증) 합병증

(1) 정의

간 조직이 파괴와 재생을 거듭하여 섬유화되고 결절성 조직으로 변화하여 굳어진 상태를 말하며, 이는 비가역적이다.

(2) 원인

- b형, c형 만성 바이러스 간염
- 과도한 음주, 지방간, 지방간염

(3) 합병증

  가. 식도정맥류, 비장비대

    간문맥압 항진으로 혈액이 간을 통과하지 못하여, 식도, 위, 비장 등으로 우회하면서, 혈관이 확장되는 현상, 혈관이 파열되어 출혈의 위험이 높다.

  나. 복수와 부종

  - 간문맥압 항진으로 우회된 혈액에서 수분이 복강 내로 빠져나오고, 팔, 다리가 붓는 현상
  - 복수는 호흡곤란을 일으키고, 배변과 배뇨기능을 감소시킨다.

  다. 간성혼수(간성뇌증)

  - 간기능 상실로 해독작용이 일어나지 않아 발생되는 합병증
  - 체외로 배출되어야 할 암모니아가 뇌를 손상시킨다.

27. 구획증후군 증상과 진단

(1) 증상

  통증, 창백, 감각이상, 마비, 무맥.

(2) 진단

  - 혈압계와 생리식염수를 주입한 주사기로 조직압을 측정하여 확진을 내릴 수 있다.
  - 이미 진행된 구획증후군의 경우, 근전도 검사나 조직검사를 시행하여 근육의 괴사나 섬유화가 관찰되면 진단에 도움이 된다.

28. 마미총 증후군

(1) 정의

  - 제2요추와 제5요추 사이의 척추관 내에 존재하는 원추 이하의 요천추 신경근이 모인 척수신경 말단 부분의 말초신경 손상이다.
  - 요추 추간판탈출증, 제2요추 이하의 골절로 척수 끝 신경근이 압박을 받아 마비를 일으키는 질환.

(2) 증상

  편측성 통증, 항문 감각 저하, 배변배뇨장애, 성기능 장애

(3) 치료

  증상 발생 후 48시간 이내에 응급 감압수술, 후궁 절제술 등
  말초신경계 손상이므로 수술로 회복 가능성이 있다.

29. 갈리아찌 골절

(1) 요골간부골절, 원위 요척관절 탈구

(2) 전완부의 회전장애와 원위 요척 관절의 퇴행성변화를 방지하기 위해 반드시 수술적 치료를 시행

부위	골절명	손상원인
요골 원위부 골절	콜레스 골절	손을 짚어 넘어지면서 생긴 골절로 손목과 연결된 골절편(원위 요골 골절편)이 뒤로 밀려나 마치 손목이 포크모양의 변형(Silver-fork deformity) 정중신경손상
	스미스 골절	역콜레스 골절
요골, 척골 원위부 골절+탈구	갈리아찌 골절	요골 중, 하 1/3부의 골절과 척골원위단의 탈구가 합병된 것
척골 근위 골절+탈구 (주관절 부위)	몬테지아 골절	요골두 탈구와 척골근위1/3골절이 동반된 경우이며, 전방 탈구가 가장 흔하다. 합병증 - 요골신경손상
요골원위 관절내 골절	바톤씨 골절	손을 짚고 넘어졌을 때 발생되며 원위 골편이 수근골과 함께 후방쪽으로 옮겨간 것

30. 수근부를 이루는 뼈

근위열, 주상골, 월상골, 삼각골, 두상골, 원위열, 대능형골, 소능형골, 유두골, 유구골, 주상골이 가장 흔하게 골절된다.

31. 견관절 탈구

(1) 손상원인

상완부에 외전, 신전, 외회전력에 의한 간접 외상에 의해 발생한다.

(2) 증상

① 상완부가 외전, 외회전 상태에서 건측 손으로 전완부를 잡고 몸으로 붙이려 한다.

② 정상적인 삼각근 부근의 둥근 외관이 평평해진다.

③ 상완골두가 있던 부위가 함몰되어 견봉이 돌출되어 보인다.

④ 주관절은 굴곡 되어 있고 전완부는 내회전되어 있다.

(3) 검사

가. Stimson 방법

침상 위에 엎드리게 하고 손에 무게가 있는 물체를 잡고 20분 정도 지나면 자연 정복된다.

나. Hippocrates 방법

환자를 침대 위에 눕히고 시술자의 발을 환자의 겨드랑이에 넣고 양손으로 환자의 손목을 잡고 견인하면서 상지를 외회전, 내회전시킨다.

다. Kocher 방법

　환자의 주관절을 직각으로 굴곡시킨 상태에서 부드럽게 상지를 외회전한 상태에서 견인시키고 약 1분정도 고정한다. 반대쪽으로도 동일한 방법으로 시행한다.

라. x-ray 촬영, CT촬영, MRI촬영 등

(4) 치료방법

① 탈구 시 가능한 한 빨리 도수정복을 시행

② 어깨 관절이 빠져 일상생활에 지장이 있으면 수술을 시행한다.

32. 반월상연골 손상 (Injury of Meniscus)

(1) 정의

가. 무릎 관절의 중간에 위치한 반달모양의 물렁뼈를 말한다.

나. 연골판은 관절사이에서 완충 작용을 한다.

다. 서있거나 걷거나 달릴 때 체중이 위에서 아래로 전달되는데, 이때 관절 연골이 손상되지 않도록 충격을 흡수하는 역할을 한다.

라. 좌우 무릎 관절에 초승달 모양의 연골 2개가 각각 한 쌍을 이루고 있다.

마. 외측 반달연골, 내측 반달연골이라고 한다.

(2) 원인

가. 일반적으로 운동 중 발생하는 경우가 많다.

나. 중년 여성들은 쪼그려 앉거나 무릎을 많이 구부리는 가사 일을 오랜 기간 지속해오면서 내측 반달연골판 뒤쪽이 파열된다.

다. 슬관절의 굴곡상태에서 회전운동이 가해질 때 발생

(3) 증상

가. 동통 및 압통

　동통은 거의 모든 환자에게서 나타나며 여러 가지 양상을 보인다. 급성기에는 관절 내 출혈, 삼출액(滲出液, exudate)의 증가로 극심한 동통을 호소한다. 압통은 관절 간격(joint line)을 따라 손상부와 일치하여 나타난다.

나. 운동 제한

　부상 직후에는 동통과 종창으로 보행을 할 수 없게 되거나 파행(跛行, limping)을 보인다. 이상음(abnormal sound)을 동반한 운동 장애가 나타나기도 하며, 특히 신전 제한(extension block)은 반월상연골 손상에서 특징적인 소견이다.

다. 잠김(locking)

무릎관절 운동 중 굴곡 운동(flexion) 시에 갑자기 굽혔다 폈다 하는 운동에 장애가 발생하는 증상을 잠김이라 한다. 금이 간 연골편은 이차성전위(二次性轉位, secondary displacement)가 일어나게 되어 관절면 사이에서 빠져나와 제자리로 돌아가지 못하게(incarceration) 되면서 이러한 증상을 발생시킨다. 이 증상은 큰 연골편이 생긴 손상에서 흔히 나타나며, 증상의 출현 및 소실 모두가 순간적이라는 점이 특징이다.

라. 불안정(giving way)

무릎에 힘이 빠지는 '주저앉음(buckling)' 증상은, 흔히 반월상연골의 후각부 손상 때문에 발생한다. 이것은 매우 불안정한 슬관절 때문에 나타나는 증상으로 자갈길을 걸을 때, 계단을 내려갈 때, 혹은 뛰어내릴 때 등의 동작에서 슬관절이 안정성을 잃고 갑자기 무력해지는 증상이다.

마. 대퇴사두근 위축(quadriceps atrophy)

무릎을 부상당한 후 시일이 경과하면, 예외 없이 대퇴사두근(大腿四頭筋, musculus quadriceps femoris)의 위축이 나타난다. 대퇴사두근 가운데에서도 내측광근(vastus medialis)의 위축이 뚜렷하다.

(4) 검사방법

가. 맥머레이(McMurray) 검사

똑바로 누운 상태에서 무릎 관절을 90°로 만들어 발목이나 발을 잡고 안쪽과 바깥쪽으로 회전시키면서 통증이나 소리로 판단하는 검사

나. 아플레이(Apley) 검사

엎드려 누워 무릎을 90도 구부린 상태에서 외전, 내전 검사한다.

다. MRI 혹은 관절경 검사

연골 파열을 확진하기 위한 검사이다.

라. 웅크리기 검사

환자가 선 상태로 양쪽 다리를 안쪽 또는 바깥쪽으로 한 후 앉았다 일어서는 것을 관찰하는 검사이다. 손상된 반월판 연골이 관절 사이에 끼는 경우 통증을 느낌

마. 관절경 검사

파열된 연골을 마취한 후, 내시경으로 직접 관찰함과 동시에 파열된 연골의 제거나 봉합을 시행한다.

(5) 치료방법

가. 수술적 방법

- 관절경적 반월상 연골 봉합술
- 관절경적 반월상 연골 절제술

33. 십자인대 손상 (Cruciate ligament)

(1) 원인 및 증상

축구나 스키 등의 운동 과정에서, 접촉 또는 비접촉 손상으로 슬관절의 과도한 운동으로 발생 환자는 무릎에서 퍽 소리가 났다고 느끼는 경우가 많고, 수상 후 심한 통증, 관절의 부기 등을 호소한다.

(2) 진단

가. 전후방 또는 회전 불안정성을 신체 검진을 통해 확인한다.

나. 전방 전위 징후, Lachman 검사, 전외측방 동요검사

다. 스트레스 방사선 검사, 자기공명영상(MRI), CT촬영을 한다.

(3) 치료방법

가. 전방 십자인대의 치료는 손상의 정도 및 위치, 불안정성의 정도, 환자의 나이, 생활 방식, 활동 정도 등에 따라 달라진다.

나. 일반적으로는 수술적 치료를 시행

다. 관절경적 전방 십자인대재건술을 자가 또는 동종 이식건을 이용한다.

34. 후방 십자인대 손상 (Posterior Cruciate Ligament)

(1) 원인과 증상

가. 후방 십자인대손상은 대개 슬관절이 굴곡된 상태에서 경골 상단부에 직접적인 충격에 의해 발생

나. 교통사고, 특히 오토바이 사고나 계기판에 손상(dashboard injury)을 입은 경우 의해 발생

다. 운동 선수가 족부를 족저 굴곡한 상태에서 낙하하여 발생

라. 슬관절의 과신전 손상에 의해서도 다른 인대의 손상과 함께 후방 십자인대 손상이 발생

(2) 검사 방법

후방 전위 징후, 외회전 전반 검사

(3) 치료방법

가. 후방 십자인대 손상의 치료는 전방 십자인대에 비해서는 비수술적으로 치료할 수 있는 경우가 많다.

나. 보조기로 고정하고 체중 부하를 단계적으로 실시하여 손상된 인대를 보호

다. 골절편을 물고 떨어진 견열 골절에서는 보존적으로 치료할 수 없을 경우 나사못 등으로 고정해 주는 수술을 한다.

35. 측부인대(무릎)손상 (Collateral ligament)

(1) 원인 및 증상

가. 내측 측부인대(무릎)는 다리가 바깥쪽으로 휘어지는 외반력에 의해

나. 외측 측부인대(무릎)는 다리가 안쪽으로 휘어지는 내반력에 의해 손상

다. 급성기에는 통증 및 부종, 관절 간격 부위의 압통, 관절 간격의 증가 등의 증상 및 신체 검진 소견이 나타남

라. 만성기에는 관절의 불안정성을 환자가 주관적으로 느끼거나 신체 검진상 불안정성이 나타남

(2) 검사 방법

측부인대(무릎)의 검사에서는 내반 또는 외반력을 주어서 확인하는 스트레스 방사선 검사, 자기 공명 영상(MRI)

(3) 치료 방법

가. 내측 측부인대 대부분 수술을 하지 않고 약물 치료, 체중 부하 금지, 보조기, 재활 치료 등 보존적으로 치료를 한다.

나. 외측 측부인대(무릎) 역시 보존적으로 치료하는 경우가 많으나 손상 정도에 따라 수술적 요법도 병행한다.

36. 콩팥 손상의 증거

(1) 만성 콩팥병은 사구체 여과율(GFR) 60mL/min/1.73㎡ 미만의 콩팥 기능장애가 3개월 이상 있거나, 콩팥손상의 증거가 3개월 이상 있는 경우 진단

(2) 콩팥 손상의 증거

① 소변검사 이상, 알부민뇨 또는 소변 침전물

② 콩팥 조직검사 이상, 사구체, 세뇨관간질, 혈관의 병리 소견

③ 영상검사 이상, 초음파, CT 등

④ 콩팥 이식 상태.

(3) 3대 원인 : 당뇨병, 고혈압, 사구체 신염.

37. 중증재생불량성 빈혈

(1) 재생불량 빈혈의 정의

골수 안에서 줄기세포를 만들지 못하여 적혈구 수가 줄어들면서 발생한다. 이때는 적혈구 뿐만 아니라 백혈구와 혈소판 수치도 같이 저하된다. 선천질환에 동반되어 나타나거나, 후천성으로 방사선, 벤젠 등의 화학물질이나 바이러스, 자가면역질환 등에 의해 발생할 수 있다.

(2) 골수 검사에서 세포충실도가 통상 25% 미만

(3) 말초혈액검사에서 이상소견

(4) 호중구 500/μL 이하

(5) 혈소판 20,000/μL 이하

38. 베체트병(Behcet's disease, Behcet syndrome)

(1) 정의

전신의 혈관에 염증이 발생하는 질환

(2) 원인

유전적 소인이 있는 사람의 임파구 및 백혈구에 기능 이상으로 발생

(3) 증상

가. 구강 궤양, 성기 궤양

나. 여드름 모양의 피부염, 모낭염, 혈관염이 동반된 구진성 발진

다. 실명으로 이어짐

라. 관절염의 특징은 관절이 지속적으로 아프지 않고, 일시적 혹은 반복적으로 통증이 발생한다.

마. 신경계 증상 : 무균성 뇌수막염, 뇌실질 병변

바. 장딴지가 붓고 통증이 발생하며 혈전이 심할 경우 복부에 있는 대정맥이 막힐 수 있다.

(4) 진단

- 혈액 검사, 피부 생검, 자극성 항진 검사(Pathergy test)
- 1년에 3회 이상 재발하는 구강 궤양이 있으면서, 포도막염, 외음부 주위의 궤양, 피부병, Pathergy 반응 검사 양성 중 2가지 이상 관찰되는 경우 진단한다.

(5) 치료

가. 생활 습관개선

나. 외용제, 경구약 복용

39. 원발성 심근병증은 심장근육 자체의 질환을 말한다. 대표적인 3가지 질환은?

    (1) 비후성 심근병증 : 심장근육이 두꺼워지는 질환, 호흡곤란, 급사

    (2) 확장성 심근병증 : 심근이 확장된 상태, 기좌호흡, 발작성 야간 호흡곤란

    (3) 제한성 심근병증 : 비정상적인 섬유 증식으로 인해 심장벽이 뻣뻣해져서 심실 확장에 장애를 일으키는 질환, 간비대, 복수

40. 골절 또는 탈구시 동반되는 신경손상을 서술하시오

    (1) 상완골두 탈구 : 상완신경총 또는 액와신경 손상

    (2) 상완골 간부골절 : 요골신경 손상,(수근하수/만성요골신경마비)

    (3) 비골 근위부 골절 : 비골신경 손상

    (4) 고관절 탈구 : 좌골신경 손상

    (5) 슬관절 탈구 : 총비골신경 손상,(족하수)

41. 관절 내 골절에 의한 부정유합으로 진행되는 질환과 치료법

    (1) 질환 : 외상성 관절염

    (2) 치료법 : 체중부하의 최소화, 과도한 관절운동 제한, 보존적 치료(약물치료, 물리치료), 수술적 치료(관절 성형술, 절골술, 인공관절치환술)

42. 무혈성 괴사

    (1) 정의

    골절이나 탈구 등으로 혈류가 차단되어 해당 혈관이 지배하던 골조직이 괴사하는 현상

    (2) 호발부위

    대퇴골두, 수근부 주상골, 거골 체부

    (3) 치료

    체중부하를 피하고 수술적 치료를 시행한다. (인공관절 치환술, 골이식술, 골편제거술, 관절 고정술)

43. 부목고정

골절된 골편의 전위를 방지하기 위해 부목을 사용하지만, 석고붕대 시행 전 부종 감소 및 고정을 위해 임시적으로 사용되기도 한다.

(1) 추가적인 연부조직 손상을 예방하고 폐쇄성 골절이 개방성 골절로 전환되는 것을 방지

(2) 동통을 경감

(3) 지방색전증 및 쇼크 발생을 감소

(4) 골절 확인을 위해 X-ray촬영을 용이하게 한다.

(5) 환자 이동을 용이하게 한다.

44. 쇄골골절의 치료 및 합병증

(1) 수술적 치료 : 신경 및 혈관 손상이 동반된 경우, 불유합, 개방성 골절

(2) 보존적 치료 : 전위가 심한 골절도 보존적 치료, 팔걸이, 팔자형 보조기

(3) 합병증 : 상완신경총 손상, 외상성 관절염, 지연유합, 불유합, 부정유합, 관절강직

45. 유아 및 소아에서 발생하는 고관절 이상의 질병적 원인

(1) 고관절 이형성증 : 골반의 비정상적인 발달 및 연속된 장애로 발생

(2) 일과성 고관절 활액막염 : 고관절막의 물리적 자극에 의해 발생

(3) 선천성 고관절 탈구 : 유전적, 호르몬 및 기계적 소인

46. 협심증의 종류

(1) 안정형 협심증

관상동맥이 좁아져 심근에 혈액공급이 감소되어 발생. 니트로글리세린 설하정

(2) 불안정형 협심증

- 관상동맥 내 죽상판 파열로 형성된 혈전이 관상동맥 혈류를 막아서 발생
- 점강성 흉통, 안정시 흉통이 20분이상 지속

(3) 변이형 협심증

관상동맥의 연축으로 내경이 좁아져 심근의 허혈로 발생

47. 심근경색의 진단방법

(1) 심전도 : 관상동맥 폐색 시 ST분절 상승, 일시적 폐색이나 측부 순환 시 ST분절 비상승

(2) 심장표지자 : CK-MB, 트로포닌-I, 트로포닌-T 상승

(3) 관상동맥조영술 : 관상동맥 폐색이나 중증의 협착이 확인됨

(4) 심장 초음파 : 심근운동 부전이나 불능이 확인됨

48. 치매의 원인 및 구분질환

(1) 치매의 원인

- 알츠하이머 치매 : 노화, 대뇌피질 세포의 퇴행성 변화
- 혈관성 치매 : 출혈성 또는 허혈성 뇌혈관 질환 등 저산소성 뇌병변
- 루이소체 치매 : 뇌의 루이소체(파괴된 신경세포 속 단백질) 축적

(2) 구분질환.

- 뇌졸중 : 인지장애와 운동장애가 동반되는 점이 치매와 구분
- 파킨슨 병 : 인지장애와 진전, 경직, 서동, 자세불안정이 나타나는 점이 치매와 구분
- 정신질환 : 인지장애보다 이상행동이 주 증상인 점이 치매와 구분

49. 수동적 운동범위가 능동적 운동범위보다 큰 경우

(1) 관절의 통증, 주변근육의 마비나 경련이 있는 경우

(2) 외상 후 건이나 근육의 파열이 있는 경우

(3) 관절내 골절이 있는 경우

(4) 장기간 관절고정(붕대, 석고, 부목 등).

50. 6세 남아, 부정유합으로 7도 각 형성, 향후치료방법

(1) 치료법 : 자연교정 과정을 지켜본다.

(2) 이유 : 소아는 빠른 치유력을 보이며, 재형성력을 가지고 있기 때문이다.

51. 외상성 관절염이 있을 때, 기능유지를 위한 수술법

관절 성형술, 절골술, 인공관절치환술

52. 말초신경 손상의 회복

(1) 통각, 촉각, 고유 수용성 감각, 운동 신경 순으로 회복된다.

(2) 수초가 가늘고 얇은 신경은 수초가 굵은 신경보다 회복이 빠르다.

(3) 나이가 어릴수록 회복이 빠르다.

(4) 수상 후 빠른 봉합을 할수록 회복이 빠르다.

(5) 동반된 손상 없이 신경이 단독으로 손상된 경우 회복이 빠르다.

53. 불안정 골절

(1) 정의

- 정복되었더라도 다시 전위를 일으키는 골절
- 사선, 나선골절에서 흔히 발생

(2) 진단

- 이학적 소견, 기능장애, 자세변화, 신경, 혈관 손상
- 방사선 영상 검사

(3) 치료

수술적 치료 (핀, 나사고정, 골수강내 금속정)

54. 75세 여성 환자의 상완골 근위부 사분골절 시 치료법

(1) 사분골절과 탈구가 함께 발생된 경우 인공관절치환술을 시행한다.

(2) 고령, 여성, 골다공증이 있는 경우에 주로 발생하는데,

(3) 무혈성괴사가 발생할 수 있고, 내고정 유지가 어렵기 때문이다.

55. 악성종양의 병기

(1) 정의

- 종양이 번진 정도에 근거하여 분류하는 방법으로 TNM 병기분류법이 있다. 이것은 폐암뿐만 아니라 기타 여러 종양에 적용된다.
- "T" → 종양의 크기와 국소적으로 전파된 정도 (tumor)
- "N" → 종양의 침범을 받은 주변 림프절의 수 (nodes)
- "M" → 종양세포의 전이(metastasis. 멀리 떨어진 부위로의 전파)여부

TNM 병기		
T : 종양크기 (tumor)	T0	원발종양 없음
	Tis	상피내 암종
	T1~T4	종양의 크기와 침범정도가 점진적으로 증가
	Tx	종양의 크기나 침범정도를 판정할 수 없음
N : 림프절 전이상태 (node)	N0	림프절 전이 없음
	N1~N4	림프절 전이 있는 정도
	Nx	전이 평가 불가능
M : 원격전이유무 (metastasis)	M0	원격 전이가 없음
	M1	원격 전이가 있음

형태학적 분류번호		진단코드	약관상 담보
M__/0	양성신생물	D10-D36	양성신생물
M__/1	불확실한 또는 알려지지 않은 성격의 신생물	D37-D48, D76.0	경계성종양
M__/2	제자리신생물	D00-D09	상피내암
M__/3	일차성으로 기재 또는 추정된 악성신생물	C00-C76, C80-C97, D45, D47.1, D47.3, D47.4, D47.5	암
M__/6	속발성으로 기재 또는 추정된 악성신생물	C77-C79	전이성암

56. 귀의 구조

(1) 내이를 이루는 구조물

달팽이관, 전정기관(전정, 세반고리관)

(2) 내이와 관련된 말초신경성 현훈을 일으키는 질병

이석증, 메니에르병, 전정신경염, 진주종, 미로염.

57. 심근경색을 제외한 흉통의 원인

협심증, 기흉, 늑연골염, 대동맥박리

58. 흉곽과 척추체를 구성하는 뼈의 이름을 서술하고, 체간골의 기능을 서술하시오.

(1) 흉곽을 구성하는 뼈 : 흉골 1개, 흉추 12개, 늑골 12쌍

(2) 척추체를 구성하는 뼈 : 성인 기준, 경추 7개, 흉추 12개, 요추 5개, 천추 1개, 미추 1개

(3) 체간골의 기능

- 흉곽, 골반 내 장기와 혈관 보호
- 체간골에 있는 골수는 조혈기능을 함
- 몸을 지탱하고, 체격을 형성
- 자세 유지

59. 회전근개

(1) 회전근개를 이루는 근육 : 극상근, 극하근, 견갑하근, 소원근

(2) 손상이 많이 발생하는 근육 : 극상근

(3) 가장 많이 사용하는 영상검사 : MRI, 관절내시경

(4) 회전근개 파열의 주요치료 : 보존적 치료(약물, 물리), 건봉합술, 견봉성형술, 인공관절치환술

60. 외상 후 운동장애가 발생할 수 있는 원인

관절강직이나 외상성 관절염의 원인은

(1) 장기간 고정으로 인한 골절주위 연부조직 유착, 근위축, 관절면 유착.

(2) 관절 탈구나 아탈구, 관절내 골절.

(3) 연부조직의 반흔 구축.

(4) 인대손상, 관절타박상, 지속적인 부종.

(5) 관절면의 부적절한 정복.

(6) 하중 전달에 의한 연골손상.

(7) 부정 정렬.

(8) 반복되는 손상.

61. 외상후 관절염과 관련이 높은 손상

관절내 골절, 관절내 십자인대 및 측부인대 손상, 관절내 반월상연골 손상.

62. 압박골절

(1) 일차적으로 사용하는 영상검사 : X-ray, CT.

(2) 만성(진구성) 골절의 구분

- 신선골절 : 까맣게, 빨간색(hot spot)으로 나타나며,
- 진구성골절 : 하얗게, 파란색(cold spot)으로 나타난다.

(3) 압박골절 호발부위

흉추 11번, 12번, 요추 1번

63. 25세 남자가 축구경기 중 점프 후 착지하며 뚝 소리와 슬관절 통증이 발생하였다.

(1) 손상가능성이 가장 높은 부위

전방십자인대 파열

(2) 치료

급성기에는 냉찜질, 압박붕대 등을 시행하고, 통증과 부종이 완화되면 보조기 착용, 근력강화 운동

(3) 신체검사 방법

가. 전방전위 검사

앙와위, 고관절 45도, 슬관절 90도 굴곡 후 검사자가 경골 근위부를 당겨서 전위 정도를 측정

나. 라크만 검사

앙와위, 슬관절 20~30도 굴곡 후 검사자가 경골 근위부를 당겨서 전위 정도를 측정

다. 축이동 검사

무릎을 완전 신전하면, 경골이 앞뒤로 움직이다가 무릎이 30도 이상 굴곡되면, 정상 회복됨을 확인

64. 자살 고위험군

(1) 만성질환, 만성통증 등 신체적 질병을 가진 자

(2) 과거에 자살을 시도한 경우

(3) 조울증, 반복적 우울증, 정신질환, 약물장애, 알코올에 의존

(4) 쉽게 분노하는 사람

(5) 실직, 무직, 은퇴

(6) 이별, 미혼, 사별

(7) 사회적 고립

(8) 노인 또는 독신자

65. 악성종양과 양성종양의 비교

	양성종양	악성종양
세포의 특성	• 분화가 잘 되어 있다. • 세포가 성숙하다.	• 분화가 잘 되어 있지 않다. • 미성숙세포(역분화, 탈분화)
성장속도	성장속도가 느리다. (성장이 멈추는 휴식기를 갖는다)	성장속도가 빠르다.
성장양식	주변조직에 대한 침윤이 없다.	침윤하면서 성장한다.
피막형성 여부	피막이 있어 종양이 주변으로 침윤하는 것을 방지한다.	피막이 없어 주변조직으로 침윤이 잘 일어 난다.
전이여부	없다.	있다.
재발여부	수술로 제거 시 재발이 거의 없다.	초기를 제외하고 재발가능성 높다.
예후	좋다.	종양의 크기, 림프절의 침범여부, 전이여부에 따라 달라진다

66. 관절운동 제한의 원인

(1) 통증

근육, 관절 등에 통증이 있는 경우 주변 근육의 경련이나 마비, 장기간 고정 등으로 의식적

무의식적으로 운동을 제한하려는 경향이 있다.

(2) 변형

연부조직의 손상, 관절염, 관절주변의 심한 반흔, 관절내 손상, 관절 구축, 관절고정술 등

67. 척추전방전위증

(1) 정의

척추체가 아래 추체에 비하여 앞으로 빠져나온 상태

(2) 원인

척추 분리증, 퇴행성 (주로 40대 이후 여성)

(3) 발생하는 부위

요추 4번 5번, 요추 5번 천추 1번

(4) 수술을 고려하는 경우

• 보존적 치료에도 불구하고 신경증세가 지속되는 경우

• 소아, 청소년에서 전위가 50% 이상

• 추간판 탈출증, 척추관 협착증 동반 시

68. 직장 선종성 용종에 있어서 악성화 가능성이 높은 위험인자

(1) 선종의 개수가 3개 이상

(2) 선종의 크기가 10mm 이상

(3) 관상융모선종 또는 융모선종인 경우

(4) 고도의 이형성인 경우

(5) 톱니모양의 선종

69. 종양 표지자(Tumor Marker) 검사의 특징

(1) 높은 위험군의 추적검사 (Follow up)

(2) 암의 존재 진단 보조

(3) 암의 원발 장기와 조직형의 감별

(4) 질병 시기와 예후의 추정

(5) 암의 치료 효과 판정과 재발 지표로 활용

종양 Marker의 종류		
AFP	20ng/mL 이하	간세포암, 간암
CEA	5.0ng/mL이하	소화기암, 폐암, 생식기암, 대장암, 유방암, 갑상선암
POA	27.9U/mL이하	췌장암
CA 19-9	37U/mL 이하	소화기암, 췌장암
CA 125	50U/mL 이하	난소암

70. 가와사키병

(1) 정의

영아와 소아에게서 발생하는 급성 혈관염이다.

(2) 원인

가. 유전적 요인

나. 세균이나 바이러스에 감염

(3) 증상

가. 고열

나. 양측성 결막 충혈

다. 다양한 형태의 발진

라. 구강과 인두 점막의 홍반

마. 딸기혀, 붉고 균열된 입술

바. 설사, 구토, 복통, 담낭 수종, 마비성 장폐쇄, 경도 황달, 간염(AST, ALT상승)

(4) 진단

가. 심전도와 심초음파

나. 관상동맥조영술

다. 뇌척수액 검사

라. 편광현미경검사

마. 혈액검사

(5) 치료

약물요법 : 고용량 면역글로불린과 아스피린을 사용

71. CDR검사 6가지 세부영역

(1) 기억력

(2) 지남력

(3) 판단력과 문제해결 능력

(4) 사회활동

(5) 집안생활과 취미

(6) 위생과 몸치장

72. 당뇨병성 신경병증, 당뇨병성 신증, 당뇨병성 망막병증

(1) 비증식성 망막병증 : 망막의 작은 혈관들이 약해져서 혈액 성분(단백질, 지질 등)이 새거나 혈관이 막혀서 영양 공급이 중단되는 상태이다.

(2) 증식성 망막병증 : 혈액순환이 나쁜 곳에 신생 혈관이 생겨 신생 혈관의 출혈로 발생

73. 60세 여성이 낙상 후 악화된 양측 무릎의 통증으로 병원에 방문하였다. 자세한 병력 청취 결과, 무릎통증은 약 10년 전부터 별다른 이유없이 발생하였고, 초기에는 휴식 후에는 호전되는 경향을 보였으나 근래에는 쉬어도 잘 호전되지 않았으며, 낙상 후 악화 되었다고 하였다. 양측 무릎 관절의 내반 변형이 관찰되었고 단순방사선 검사에서 양측내측 및 슬개 대퇴구획의 관절 간격의 협소가 나타나며, 연골하골의 경화, 관절면 가장자리의 골극이 관찰되었다. 아래의 질문에 답하시오.

(1) 병력과 신체소견, 방사선소견을 종합하였을 때 가장 가능성이 높은 기저질환은 무엇인가?

퇴행성 관절염

(2) 위 (1)의 질환의 위험인자를 두 가지를 쓰시오.

나이, 성별과 호르몬, 유전요인, 영양요인 등

(3) 보존적 치료에 잘 듣지 않고 심한 통증이 지속되거나 관절의 불안정성 및 변형이 지속되면 수술 적응증이
된다. 수술적 치료방법 두 가지를 쓰시오.
① 인공관절 치환술
② 관절성형술

74. 종골 골절에서 관절면의 전위와 손상 정도, 종골 체부의 방출된 정도등 골절의 형태를 명확하게 파악하기 위해서 필요한 추가적 영상 검사는 무엇인가?

CT 또는 MRI

(1) 종골 골절 후 발생할 수 있는 급성합병증을 한 가지만 쓰시오.

비복신경손상

(2) 종골 골절은 정확하게 관절면을 정복하더라도 관절내 분쇄 골절이 심한 경우 종골과 (①   )이 이루는 관절인 (②   )에 외상성 관절염이 남게 되는 경우가 많다. ①에 적합한 뼈의 이름과 ②에 적합한 관절의 이름을 쓰시오.

① 거골, ② 거골하 관절

(3) 수상 후 6개월 내지 1년 정도 경과 후 발생한 외상성 관절염으로 증상이 심한 경우 시행해 볼 수 있는 수술 방법은?

거골하 관절 유합술(고정술) 시행

75. '삼과 골절' (trimalleolar fracture)의 부위

(1) 비골(fibula), 경골(tibia)

(2) 삼과 골절에 가장 적합한 치료방법

(3) 금속판을 사용하여 내고정술을 시행

76. (   )안에 들어갈 말은?

- 경추는 굴곡, (①신전), 외측굴곡 그리고 (②회전) 운동이 가능한 총 (③7)개의 경추골과 이들을 연결시키는 근육, 인대 및 추간판으로 구성된다. 이중 상부 2개의 경추는 하부의 경추와 형태 및 운동의 양상이 서로 사뭇 다르다.
- 제1경추인 (④   )는 추체와 극돌기가 없는 환상구조로 짧은 전궁과 긴 후궁에 의해 연결된 두 개의 외측과로 구성된다.
- 제2경추인 (⑤   )는 경추골 중 가장 큰 체부를 갖고 체부의 상부에는 발생학적으로 제1경추의 추체에 해당하는 치돌기가 존재한다.

① 신전, ② 회전 (rotation), ③ 7개, ④ 환추 (atlas), ⑤ 축추 (axis)

77. 외상성 뇌손상이 의심되어 응급실에서 평가와 예후판정을 위해 눈뜨기, 가장 좋은 운동 반응, 가장 좋은 언어반응의 3가지 항목을 합산하여 평가하였다. 이 평가방법이 무엇인지 쓰시오.

GCS (Glasgow Coma Scale. 글라스고우 혼수척도)

GCS (Glasgow coma scale)
① 개안반응 (Eye opening : E) - 4점
② 언어반응 (Verbal Response : V) - 5점
③ 운동반응 (Motor Response : M) - 6점
(각 항목별로 2-3회 반복하여 가장 좋은 반응을 기준으로 점수를 정하여 의식 상태를 구분한다.)

78. 뇌혈관 진단명

(1) SAH (Subarachnoid hemorrhage) : 지주막하출혈

(2) EDH (Epidural Hemorrhage) : 경막외(상) 출혈

(3) IVH (intraventricular hemorrhage) : 뇌실내출혈

79. 슬관절 내 구조물 중 하나인 반월상연골판의 기능

(1) 체중전달 : 대퇴골과 경골 관절면 사이에 위치하여 체중을 경골 이하로 전달한다.

직립시 슬관절에 부하되는 체중은 약 40-60%가 반월상 연골판에 의해 전달되고, 90도 이상 굴곡 시에는 85%가 전달된다.

(2) 외력의 분산 : 경골 근위 관절면은 대퇴골 원위부 관절면과 일치하지 않아 관절연골의 일부분에서만 접촉된다. 관절연골에 가해지는 체중 부하가 적절한 범위내로 유지되려면 외력 분산이 필수적인데, 이를 반월상 연골판이 하고 있다.

(3) 관절연골 보호 : 대퇴골 및 경골의 접촉면을 증가시켜 관절면에 가해지는 스트레스를 분산시키고 관절연골을 보호한다.

(4) 관절의 안정성 유지 : 관절 운동 시 활액막이 관절 사이에 끼이는 것을 방지한다.

(5) 윤활기능 : 활액을 관절에 골고루 분산시켜 윤활기능을 촉진시킨다.

80. 비외상성으로 대퇴 골두 무혈성 괴사의 원인

(1) 과도한 음주, 알코올 중독

(2) 고용량, 장기간의 스테로이드 투약 (=부신피질호르몬 과다 복용)

(3) 잠수병 (Caisson disease, 주로 이압증(dysbarism)에 의해 발생)

(4) 골수증식성 장애

(5) 크론병

(6) 만성간질환

(7) 악성 종양 방사선 치료 후 (주로 생식기암)

(8) 혈색소 질환 (겸상구 빈혈증)

(9) 고셔병(Gaucher병) 등

81. 연부 조직에 손상 없이 제4중수골 골절 후 유합이 되었으나 손가락을 굽힐 때 손가락이 교차하는 원인

중수골 골절 후 회전변형(rotational deformity)은 사선골절 또는 나선골절에서 흔히 발생하며, 손을 폈을 때는 문제가 되지 않지만, 수지를 굴곡하면 골절된 수지가 인접 수지 위로 겹치게 된다. 이 변형은 주먹 쥐는 동작에 장애를 유발하기 때문에 교정 절골술이 필요할 수 있다.

82. 골절치유에 영향을 미치는 치유인자

(1) 골절의 종류 : 폐쇄성 골절, 단순골절, 선상골절, 비전위 골절, 불완전골절

(2) 연부조직 손상이 적을수록

(3) 골질환, 감염, 괴사가 없는 상태

(4) 골절 부위에 풍부한 혈액 공급

(5) 환자의 나이가 젊을수록

(6) 영양공급(특히 칼슘, 비타민D)이 좋은 상태

(7) 골절치유 촉진 호르몬 : 성장호르몬, 갑상선호르몬, 칼시토닌, 인슐린

(8) 해면골 손상이 치밀골 손상보다 치유가 빠르다.

(9) 골절부위의 견고한 고정과 골편의 병치(=골이식)

(10) 적절한 체중부하와 운동

83. 외상으로 급성구획증후군 증상

(1) 통증(pain)

(2) 창백(pallor)

(3) 감각이상(paresthesia)

(4) 마비(paralysis)

(5) 무맥(pulseless)

84. 골다공증 골절 발생부위

(1) 척추

(2) 대퇴 경부 및 전자부

(3) 요골 원위부

(4) 상완골 근위부

85. 동맥의 죽상경화증(죽상동맥경화증)은 혈관의 내피세포의 손상과 지방세포 및 찌꺼기들의 축적으로 경화반(Plaque)이 형성/진행되어, 유의한 혈관 협착 또는 경화반의 파열을 초래하면서 허혈성 심질환, 뇌경색/뇌출혈, 말기 신질환 및 허혈성 사지질환 등을 유발시킨다.

(1) 동맥 축상경화증 발생의 주요 위험인자

① 이상지질혈증 (= 고지혈증, 고콜레스테롤혈증)

② 고혈압

③ 당뇨병 (인슐린 저항과 대사증후군)

④ 흡연

⑤ 연령 (남성은 45세 이상, 여성은 55세 이상)

⑥ HDL 콜레스테롤 40mg/dl 미만

⑦ 부모, 형제가 조기 관상동맥질환 발병한 가족력

⑧ 폐경 후 여성

⑨ 비만

⑩ 생활습관 : 신체활동 부족, 죽상경화증을 유발하는 음식의 섭취

86. 대사증후군(Metabolic syndrome)은 단일 질병이 아닌 유전적 소인과 환경적 인자가 결합하여 발생하는 포괄적 질병으로 정의된다. 대사증후군 진단의 (1) 구성요소 (2) 각 구성요소별 진단 기준

(1) 대사증후군의 구성요소

① 복부비만, ② 고중성지방혈증, ③ 높은 혈압, ④ 혈당장애, ⑤ 낮은 HDL콜레스테롤로 구성되어 있으며, 이중 3가지 이상에 해당하는 경우 대사증후군으로 진단한다.

(2) 각 구성요소별 진단기준

① 복부비만 : 허리둘레 남자 90㎝, 여자 85㎝ 이상

② 고중성지방혈증 : 150㎎/㎗ 이상

③ 높은 혈압 : 130/85㎜Hg 이상 또는 고혈압약 복용

④ 혈당 장애 : 공복혈당 100㎎/㎗ 이상 또는 당뇨병 과거력, 당뇨약 복용

⑤ 낮은 HDL콜레스테롤 : 남자 40㎎/㎗, 여자 50㎎/㎗ 미만

87. 수정체의 혼탁으로 시력이상이 발생하는 질환인 백내장은 크게 선천성과 후천성으로 나눌 수 있다.

(1) 후천성 백내장의 종류

① 노인성 백내장 (= 노년 백내장) : 시력감소, 서서히 진행하며 안개 낀 것처럼 뿌옇게 보임,눈부심 증상 발생

② 외상성 백내장 : 열, 방사선 등으로 수정체가 손상되거나 파열되거나, 외력(타박상 등)으로 수정체가 혼탁해짐. 타 부위(망막 등)의 손상을 동반하기도 함

③ 당뇨병성 백내장 : 당뇨로 인한 고혈당으로 수정체에 침전물이 쌓이고 혈내 글루코오스 농도가 상승해 수정체가 혼탁해짐

④ 합병성 백내장 : 만성 각막염, 망막박리, 녹내장, 포도막염, 유리체 변성과 출혈 등 눈의 질환과 합병되어 발생되는 백내장

⑤ 중독성 백내장 : 약물이나 화학 약품 때문에 발생되는 백내장, 주로 장기간 부신피질호르몬제 사용으로 발생

⑥ 후낭혼탁 : '백내장이 재발'하는 것

백내장 수술 시 혼탁이 생긴 수정체를 제거하는데 이 때 후낭은 남겨두고, 이 후낭 앞에 인공 수정체를 넣어 고정시킨다. 이때 후낭에 다시 혼탁이 생기는 것을 후발성 백내장이라고 한다. 대개 백내장 수술 몇 개월 후 발생되며 백내장 수술을 받은 사람의 90%이상에서 발생하며 주로 후낭하 백내장이 발생된다.

(2) 산동검사를 통해 동공을 확대시킨 후 세극등 현미경 검사로 수정체 혼탁의 정도와 위치를 확인한다.

88. 만성 기관지염, 폐기종, 만성 천식 등의 기도 폐쇄로 인한 질환인 (1) 만성 폐쇄성 폐질환 (COPD)의 3대 주요 증상을 쓰고 폐기능검사(PFT) 중 가장 핵심적인 검사인 (2) FEV1에 대해 설명하시오.

(1) 만성 폐쇄성 폐질환의 3대 주요증상

① 만성 호흡곤란, ② 만성 기침, ③ 만성 가래

(2) 폐기능 검사(FEV1)

- FEV1
  '1초간 노력성 호기량'으로 숨을 최대한 들이쉰 다음, 자기의 노력을 다해 내쉴 때 처음 1초간 내쉰 양을 말한다. 얼마나 빨리 숨을 쉴 수 있는지 확인하는 지표이다. COPD의 경우 FEV1이 정상 예측치의 80% 미만, FEV1/FVC가 정상 예측치의 70% 미만인 상태가 수개월 동안 지속되는 경우 진단할 수 있다.
- FEV1 (1초간 노력성 호기량) → 숨을 최대한 들이쉰 다음, 1초 동안 강하게 내쉰 공기의 양
- FVC (강제 폐활량) → 가능한 한 끝까지 내쉴 수 있는 총 공기량
- FEV1/FVC (%) = (1초간 날숨량 ÷ 전체 날숨량) × 100

폐기능 검사 결과에 따른 COPD 분류	
단계	특징
0기 (위험시기)	• 폐기능 정상 만성적인 기침과 가래증상이 있다.
1기 (경증COPD)	• FEV1/ FVC < 70%이고, FEV1 ≥ 80% 만성적인 기침과 가래가 있거나 없다.
2기 (중등증COPD)	• FEV1/ FVC < 70%이고, 50% ≤ FEV1 < 80% 만성적인 기침과 가래가 있거나 없다.
3기 (중증COPD)	• FEV1/ FVC < 70%이고, 30% ≤ FEV1 < 50% 만성적인 기침과 가래가 있거나 없다.
4기 (고도 중증COPD)	• FEV1/FVC < 70%이고, FEV1 ≤ 30% FEV1 < 50% 이면서, 호흡부전이나 우심부전의 징후가 있을 때 만성적인 기침과 가래가 있거나 없다.

89. 유방암의 고위험군

(1) 가족력 : 어머니나 자매 중 유방암 병력이 있는 경우

(2) 유전자 BRCA1, BRCA2를 가진 경우

(3) 에스트로겐 장기간 노출 : 빠른 초경, 느린 폐경, 폐경 후 호르몬 요법을 시행하는 경우

(4) 출산 경험이 없거나 초산이 늦거나, 저출산인 경우

(5) 모유수유를 하지 않은 경우

(6) 비만인 경우 : 비만세포에서 에스트로겐이 나옴

(7) 방사선에 노출된 경우 (가슴 부위)

(8) 과도한 음주, 동물성 지방 과잉 섭취

(9) 이전 유방조직검사에서 비정형세포들이 발견되었던 경우

(10) 자궁내막암, 난소암, 대장암 병력이 있는 여성 등

90. 50세 성인 남자가 교통사고로 우측 대퇴골의 간부에 분쇄 골절이 있어 수술적 치료를 하였다. 치료가 적절하지 않아서 골 변형이 생겼다. 어떤 변형이 예상되는지 5가지를 기술하시오.

(1) 각형성 변형

- 전후방 각형성 변형 : 주로 장요근이 부착된 근위 골편이나 비복근 견인에 의한 굴곡변형이 발생된다.
- 내외반 각형성 변형 : 내전근 부착부위에서 내반변형, 외전근이 부착된 근위 골편에서 외전 변형을 일으킨다.

(2) 회전 변형 : 주로 장요근이 부착된 근위 골편이 외회전 변형된다.

(3) 단축 : 분쇄골절로 인한 골편 소실, 골미네랄 감소, 감염 등으로 인해 사지단축이 발생될 수 있다.

(4) 감염 : 수술 초기에 주로 발생, 골절부위에 국한될 수도 있으나 골감염으로 인해 골흡수 방해, 골위축, 골다공증이 발생될 수 있다.

(5) 지연유합 및 불유합 : 개방성 골절, 수술 시 연부조직의 과도한 박리, 불안정한 고정, 감염, 과도한 흡연에 의해 발생된다.

91. 파행(limping gait)이란 비대칭적 보행을 말한다. 원인을 5가지 열거하시오.

(1) 골절 및 탈구

(2) 관절염

(3) 근육이나 힘줄, 인대의 손상

(4) 척추 질환 및 신경손상

(5) 출생 시 결손 또는 선천적, 후천적 기형

(6) 그 외 뇌 및 중추신경과 관련된 파행

92. **퇴행성 관절염의 단순 방사선 소견**

(1) 관절 간격 감소 : 관절을 덮는 연골이 닳아 없어지면서, 관절을 이루는 뼈 사이의 간격이 좁아진다.

(2) 골경화 : 연골 아래 뼈의 음영이 짙어지는 현상이 관찰된다.

(3) 골극 형성 : 관절면 가장자리에 뼈가 튀어나와 골극이 생긴다.

(4) 관절면의 불규칙성 : 골극과 함께 관절면의 표면이 매끄럽지 않고 불규칙해진다.

(5) 골낭종 : 더 진행되면 관절면의 연골 밑 뼈에 작은 낭종이 생길 수도 있다.

93. 다음 질환이나 외상에 의해 흔히 손상되는 말초 신경

(1) 상완골 간부 골절

요골신경

(2) 비골 경부 골절

비골신경

(3) 수근관증후군(carpal tunnel syndrome)

정중신경

(4) 주관증후군(cubital tunnel syndrome)

척골신경

(5) 지각이상대퇴신경통(meralgia paresthetica)

외측대퇴피신경

94. 30세 남자 환자가 요통과 좌측 하지로 방사통을 호소하면서 내원하였다. 이학적 검사상 장무지신근(extensor hallucis longus)의 근육 약화와 제1족지 배부에 감각 이상을 보였다. 일반적으로 어느 부위의 추간판 탈출이 의심되며, 압박된 신경근은 무엇인가요?

(1) 이환된 부위 (5점)

제 4-5 요추간 추간판탈출증 (L4-5 추간판탈출증)

(2) 압박된 신경근 (5점)

제5요추신경근

95. 정형외과적 손상 중 응급 처치 및 수술을 요하는 경우

(1) 도수정복으로 치료가 불가능한 골절

(2) 전위된 관절 내 골절

(3) 소아 골절 중 Salter-Harris 제3, 4형 골절

(4) 불유합된 경우

(5) 혈관손상 및 사지가 절단된 경우

(6) 구획증후군으로 근막절개술이 필요한 골절

(7) 갈레아찌, 몬테지아 골절

(8) 근육이나 인대의 파열을 동반한 견열골절

(9) 전위된 병적 골절

(10) 전위된 대퇴 경부 골절

96. 갑상선암의 종류

(1) 유두암(papillary thyroid cancer)

갑상선암 중 가장 흔한 암으로 예후가 좋다. 30~50대, 여성이 호발하고, 요오드 섭취량이 많은 나라에서 더 빈번하게 발생된다.

(2) 여포암(follicular thyroid cancer)

유두암 다음으로 많다. 갑상선의 혈관들을 침범하는 경향이 있고, 혈류를 통해 폐, 뼈, 뇌 등 다른 장기로 전이된다.

(3) 수질암(Medullary thyroid cancer)

칼시토닌 호르몬 분비세포인 C세포에서 발병하는 암이다. 갑상선 수질암은 RET라는 돌연변이 유전자가 있는데 이는 부모에게 물려받아 발병하는 경우가 있다.

(4) 미분화암(=역형성암, Anaplastic thyroid cancer)

갑상선암 중 가장 빨리 자라는 암으로 가장 악성도가 높고 예후가 좋지 않다.

(5) 혼합형 갑상선암 (Mixed Thyroid Carcinoma)

두 가지 이상의 갑상선암 형태가 혼합된 형태이다.(예 유두암과 여포암이 혼합된 형태)

97. 치매의 대표적 원인질환(후천적으로 뇌의 기질적 장애에 의하여 사람의 정신능력과 사회적 활동을 할 수 있는 능력의 소실이 있어 일상생활의 장애를 가져올 정도로 심할 때)

    (1) 알츠하이머 치매 : 진행적 뇌세포 퇴화, 대뇌피질 위축으로 사고능력, 계획, 기억 손상을 일으키는 질환으로 해마의 크기가 현저히 감소되고, 뇌의 노인성 반점 침착이 특징이다.

    (2) 루이체 치매 : 파괴된 신경세포 속 단백질인 루이체가 뇌에 침착되어 인지기능의 심한 변동, 환청, 환시, 파킨슨 증상 등을 일으킨다.

    (3) 혈관성 치매 : 외상, 뇌혈관질환에 의해 뇌조직이 손상받아 발생되는 치매이다.

    (4) 알코올성 치매 : 알코올 과다 섭취로 해마의 손상이 발생되어 블랙아웃, 폭력적 성격변화, 기억장애 등이 발생된다.

    (5) 가역적 치매 : 정신질환(우울증), 약물, 영양결핍, 내분비이상, 뇌수두증, 감염에 의한 치매는 원인 질환을 치료하면 호전이 가능하다.

98. 불안정형 협심증의 특징적인 흉통

    (1) 새로 발생한 흉통 : 하루 3번 이상 나타나는 심한 흉통이 최근 2개월 이내 발생

    (2) 점강성 흉통 : 원래 있었던 흉통의 빈도나 정도가 현저히 악화된다.

    (3) 안정시 흉통 : 주로 20분 이상 지속된다.

99. 한 환자가 팔, 다리를 내리고 바른 자세로 누운 상태에서 팔꿈치를 구부려 양측 팔(상지)을 들어 올릴 수는 있으나 1kg 아령을 손에 쥔 상태에서는 팔을 들어올릴 수 없었다. 양측 다리(하지)는 힘을 주어도 근육의 수축만 약간 있을 뿐 능동적인 관절 운동은 불가한 상태였다. 위 환자의 근력 등급을 평가하시오.

    (1) 상지 (5점)

        Grade 3 Fair 50% : 중력을 이길 수 있는 완전범위의 운동수행

    (2) 하지 (5점)

        Grade 1 Trace 10% 근육의 수축이 가능하나 관절운동은 안 됨

등급기준			환자 상태
Grade5	Normal	100%	정상
Grade4	Good	75%	약간의 저항을 이겨내고 완전운동범위를 수행할 경우
Grade3	Fair	50%	중력을 이겨내고 완전운동범위를 수행할 수 있으나 저항을 이기지 못하는 경우
Grade2	Poor	25%	중력을 제거한 상태에서 능동적 운동범위를 수행할 경우
Grade1	Trace	10%	관절운동이 없으나, 약간의 근수축이 있는 경우
Grade0	Zero	0%	관절운동은 물론, 근육수축도 전혀없는 경우(완전마비)

100. 두부 외상 환자가 어떠한 자극에도 눈을 뜨지 않으며, 언어에 대한 반응이 전혀 없고, 통증 자극을 주어도 전혀 움직이지 않는다. 이 환자의 의식상태를 무엇이라고 표현하며, Glasgow Coma Scale(GCS) 평가 척도로는 몇 점에 해당하는가?

(1) 의식상태 (5점)

　　혼수

(2) GCS (5점)

　　3점

　　① 개안반응(E) 1점 : 어떠한 자극에도 눈을 뜨지 않는다.

　　② 언어반응(V) 1점 : 언어에 대한 반응이 전혀 없다

　　③ 운동반응(M) 1점 : 통증 자극을 주어도 전혀 움직이지 않는다.

　　E1＋V1＋M1 = GCS 총 3점에 해당한다.

101. 신경학적 검사 중 건강한 성인에서는 나타나지 않고 병적인 경우에만 양성으로 나타나는 반사를 병적 반사라고 한다. 병적 반사의 종류

(1) 바빈스키 반사 : 정상 성인은 발바닥을 문지르면 발가락이 족저굴곡 되나 추체로 장애 환자는 족지를 쫙 펴게 되며 단 1년 이내 신생아에서 나타나는 발가락 신전 현상은 정상임

(2) 주둥이 반사 : 위 또는 아랫입술 주위를 검진용 해머 등으로 가볍게 두드리면 정상 성인은 무반응이지만 입술을 오므리면서 내밀면 양성이다.

(3) 호프만 반사 : 가운데 손가락 말단 굴곡 후 급격히 떼었을 때 병적 경우 엄지손가락 포함, 다른 손가락의 굴곡 발생

(4) 미간 반사 : 미간을 가볍게 두드리면 정상 성인의 경우 초기 몇 번은 깜빡일 수 있으나 반복되면 적응해서 깜빡이지 않음. 자극을 반복해도 지속적으로 계속 깜빡이는 상태는 양성이다.

102. 뇌사 판정 기준

(1) 선행조건

　　① 원인질환이 확실하고 치료될 가능성이 없는 기질적인 뇌병변이 있어야 할 것

　　② 깊은 혼수상태로서 자발호흡이 없고 인공호흡기로 호흡이 유지되고 있어야 할 것

　　③ 치료 가능한 약물중독 (마취제 · 수면제 · 진정제 · 근육이완제 또는 독극물 등에 의한 중독)이나 대사성 또는 내분비성장애 (간성혼수 · 요독성 혼수 또는 저혈당성뇌증 등)의 가능성이 없어야 할 것

　　④ 저체온상태(직장온도가 32℃ 이하)가 아니어야 할 것

　　⑤ 쇼크상태가 아니어야 할 것

103. 뇌사의 판정 기준

(1) 외부자극에 전혀 반응이 없는 깊은 혼수상태

(2) 자발호흡이 되살아날 수 없는 상태로 소실

(3) 두 눈의 동공이 확대, 고정될 것

(4) 뇌간반사가 완전히 소실

(5) 자발운동, 제뇌경직, 제피질경직, 경련 등이 나타나지 않을 것

(6) 무호흡검사 결과 자발호흡이 되살아날 수 없다고 판정

104. 심부 정맥 혈전증의 증상, 진단, 치료 및 예방법

(1) 증상 : 종아리나 대퇴부의 통증, 감각 이상, 한 다리의 부종, 압통, 온기, 홍반 증세

(2) 진단 : 초음파 검사(가장 효율적), 정맥 조영술, CT정맥 조영술

(3) 치료 및 예방법 : 항응고제 투여, 조기보행 시도(장비 및 기구 이용), 혈전 절제술 시행

105. 성인에서 발생하는 골절과 차별되는 소아 골절의 특징적인 골절 형태

(1) 소성변형(plastic deformation)

(2) 융기 골절(Torus or buckle fracture)

(3) 녹색줄기골절(green stick fracture)

(4) 성장판 손상(골단판 손상)

106. 53세 남성 환자가 수년간 지속된 만성 기침과 가래를 주소로 내원하였다. 과거력상 흡연력이 30 갑년이며, 최근 활동 시 숨참 증상이 악화되었다. 환자는 폐쇄성 폐질환이 의심되어 기관지 확장제 투여 후 폐기능 검사를 시행하였고, 다음과 같은 결과를 보였다.

> - FEV$_1$/ FVC : 63%
> - FEV$_1$: 45%

(1) 만성 폐쇄성 폐질환의 가장 흔한 원인을 기술하시오.

흡연

> [폐기능검사관련]
> FVC = Forced Vital Capacity (강제폐활량)
> - 폐 기능을 평가할 때 사용하는 지표
> - 의미 : 가능한 한 빠르고 깊게 숨을 내쉴 때 나오는 최대의 공기 양(리터 단위)
> - 폐질환 진단에 사용되며, 천식, 만성 폐쇄성 폐질환(COPD), 폐섬유화증 등의 진단 시 활용됨.
> - 일반적으로 FEV$_1$ (1초간 날숨량)과 함께 비교하여 폐질환 종류를 파악한다.
> - **예** FVC 감소 + FEV$_1$/FVC 감소 → 폐쇄성 질환 (**예** COPD)
>   FVC 감소 + FEV$_1$/FVC 정상 → 제한성 질환 (**예** 폐섬유화증)

(2) 이 환자의 폐기능 검사 결과에 따른 COPD 분류를 기술하시오.

> ① FEV$_1$이 예측치의 80% 미만
> ② FEV$_1$/FVC가 70% 미만

상기 ①, ②가 수개월 동안 원상회복되지 않으면 COPD로 진단이 가능하다. 환자의 경우 FEV$_1$/FVC가 63% 이고, 기관지 확장제를 투여했음에도 불구하고 FEV$_1$이 45%이므로 비가역적인 폐쇄성 폐질환에 이른 것으로 볼 수 있다. 이를 '폐기능검사 결과에 따른 COPD 분류'에 대입하면 '제3기(중증 COPD)'에 해당한다.

폐기능 검사 결과에 따른 COPD 분류	
단계	특징
0기 (위험시기)	• 폐기능 정상 만성적인 기침과 가래증상이 있다.
1기 (경증COPD)	• $FEV_1/FVC < 70\%$이고, $FEV_1 \geq 80\%$ Predicted 만성적인 기침과 가래가 있거나 없다.
2기 (중등증COPD)	• $FEV_1/FVC < 70\%$이고, $50\% \leq FEV_1 < 80\%$ Predicted 만성적인 기침과 가래가 있거나 없다.
3기 (중증COPD)	• $FEV_1/FVC < 70\%$이고, $30\% \leq FEV_1 < 50\%$ Predicted 만성적인 기침과 가래가 있거나 없다
4기 (고도 중증COPD)	• $FEV_1/FVC < 70\%$이고, $FEV_1 \leq 30\%$ Predicted $FEV_1 < 50\%$ 이면서, 호흡부전이나 우심부전의 징후가 있을 때 만성적인 기침과 가래가 있거나 없다.

107. 2형 당뇨병의 위험인자

(1) 과체중 또는 비만 (BMI 23 이상)

(2) 복부비만(허리둘레 남 90㎝, 여 85㎝ 이상)

(3) 직계가족 중 당뇨병

(4) 공복혈당장애, 내당능장애 과거력

(5) 임신 당뇨병 or 4.0kg 이상 거대아 출산

(6) 고혈압(수축기 $\geq$ 140mmHg 또는 이완기 $\geq$ 90mmHg) 혹은 고혈압 약제 복용

(7) HDL 콜레스테롤 35mg/dL 미만 또는 중성지방 250mg/dL 이상

(8) 인슐린저항성 : 다낭성 난소증후군 등

(9) 심혈관질환 : 뇌졸중, 관상동맥질환 등

(10) 약물 : 글루코코르티코이드 (당류코르티코이드 혹은 스테로이드 장기간 과량 복용) 등

108. 류마티스 관절염 (Rheumatoid Arthritis, RA)에 대하여 서술하시오

(1) 정의

가. 류마티스 관절염은 관절 주위를 둘러싸고 있는 활막이라는 조직에 발생하는 만성 염증성 질환

나. 활막이 존재하는 모든 관절, 즉 움직일 수 있는 거의 모든 관절에서 발생

다. 수개월에서 수년에 걸쳐 진행되는 만성 질환

(2) 원인

가. 정확한 원인은 알려지지 않았다.

나. 외부의 나쁜 균에 대해 방어 역할을 해야 하는 인체의 면역체계가 자신의 신체 조직을 공격하는 자가 면역 질환의 일종이다.

(3) 증상

가. 초기 증세는 주로 손마디가 뻣뻣해지는 것

나. 아침에 자고 일어난 직후에 이 증상이 심하게 나타남

다. 1시간 이상 관절을 움직여야만 뻣뻣한 증세가 풀림

라. 손마디가 붓고 통증이 느껴져 손을 쓸 수 없다.

마. 관절염이 무릎이나 팔꿈치, 발목, 어깨, 발까지 침범하는 경우도 흔하다.

(4) 진단

가. 류마티스 관절염은 주로 문진과 진찰을 통해 진단

나. 최소한 6주 이상 지속적인 증상이 있는 경우에만 진단

다. 혈액 검사, X-ray 검사

라. 류마티스 관절염 진단기준(2010년 미국 류마티스학회 / 유럽류마티스학회 ACR / EULAR) 다음 4가지 분류 항목 점수를 합산하여 진단한다.

　① 관절침범 : 큰관절 및 작은관절 침범 개수

　② 혈청검사 : 류마티스 인자(RF), 항CCP 항체 음성/양성 여부

　③ 혈청 염증반응 물질 : ESR, CRP 음성 또는 양성

　④ 증상 발생기간 : 6주 기준

　　→ 신규 환자에서 다른 질환으로 설명할 수 없는 임상적으로 명백한 1개 이상의 관절윤활막염을 가진 경우, 항목 합산 점수가 6점 이상인 경우에 류마티스 관절염으로 조기 진단이 가능하다.

(5) 치료

가. 비스테로이드 소염제,

나. 수술 요법 : 관절 운동을 증진하거나 억제하고, 관절 변형을 교정하며, 관절의 안정성을 증진하고, 근력을 효과적으로 증가시킨다.

다. 관절 고정술, 관절 성형술, 인공관절 치환술

109. 골관절염(퇴행성 관절염, Osteoarthritis , OA)

(1) 정의

가. 골관절염은 뼈의 관절면을 감싸고 있는 관절 연골이 마모되어 연골하골이 노출

나. 관절 주변의 활액막에 염증이 생겨서 통증과 변형이 발생하는 질환

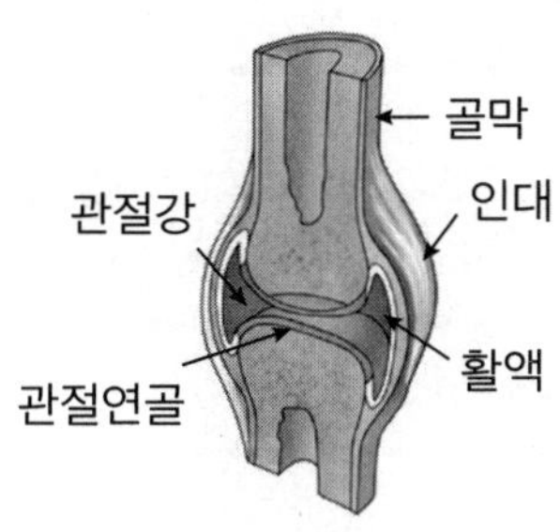

[관절의 구조]

(2) 원인

가. 골관절염은 뼈와 뼈 사이에서 완충 작용을 하는 부드러운 연골이 어떤 원인으로 인해 손상되어 발생한다.

나. 유전적 요인, 비만, 관절의 외상, 염증으로 인한 연골 손상

(3) 증상

무릎이 붓고 물이 차며 하루 종일 통증이 있다.

(4) 진단

가. 대부분은 간단한 문진과 진찰로 진단

나. 혈액검사

다. X-ray 촬영

📂 참고

X-ray 촬영 소견

① 내외측 및 슬개 대퇴 구획의 관절간격 협소

② 연골하골 경화

③ 연골하골 낭종

④ 관절면 가장자리 골극

⑤ 불규칙한 관절면

---

(5) 치료

가. 약물 요법 : 연골 성분 제제(글루코사민, 콘드로이틴)

나. 물리 요법, 수술 치료

다. 인공관절 치환술

MEMO

PART 2
책임·근로자 재해보상보험

보상한도			
배상보험	사망	부상 1급	장해
신체손해배상책임 특약			
다중이용업소화재배상책임			
재난배상책임보험			
체육시설업자배상책임보험			
유도선사업자배상책임보험	1억5천 1억5천 이상가입	3,000만원 3,000만원 이상가입	1억5천 1억5천 이상가입
낚시어선배상책임보험			
어린이놀이시설배상책임보험			
수련시설배상책임보험			
청소년시설배상책임보험			
가스사고배상책임보험			
승강기배상책임보험	8,000만원	1,500만원	8,000만원
야영장사고배상책임	1억원	2,000만원	1억원
부상 후 사망 한도	승강기배상책임보험	8,000만원 + 1,500만원 = 9,500만원	
	야영장사고배상책임보험	1억원 + 2,000만원 = 1억2천만원	
	재난배상책임보험	1억5천 + 3,000만원 = 1억8천만원	

의무보험 병급	
상해	2급~11급 중 2가지 이상, 높은 하위 3등급 사이, 높은 +1
장해	신체장해가 2이상 있는 경우 → 높은 +1

순위	민법상속순위		산재법 수급권자	선원법 수급권자
1순위	직계비속	법률혼 배우자(5할가산) 1, 2순위 없는 경우 단독	생계를 같이하던 배우자(사실혼 포함)	부양되고 있던 배우자(사실혼 포함)·자녀·부모(동순위)
2순위	직계존속		자녀(25세 미만)	
3순위		형제·자매	부모(60세 이상)	
4순위		4촌이내 방계혈족	손자녀(19세 미만)	

01. 일반불법행위 책임 발생 요건 (민법 제750조) 중 위법성 조각사유에 대하여 서술하시오.

1. 정당방위(민법 제761조 제1항) : 타인의 불법행위에 대하여 자기 또는 제3자의 이익을 방위하기 위하여 부득이 타인에게 손해를 가한 행위는 배상할 책임이 없다.
2. 긴급피난(민법 제761조 2항) : 자기나 제3자에 대한 급박한 위난을 피하기 위하여 부득이 타인에게 손해를 가하는 행위이다.
3. 자력구제 : 자력구제는 청구권을 보전하기 위하여 국가기관의 구제를 기다릴 여유가 없는 경우에 권리자가 스스로 구제하는 행위이다.
4. 피해자의 승낙 : 가해행위를 하기 전에 피해자가 자유의사로 미리 가해의 승낙을 한 경우에도 위법성이 조각 된다.
5. 정당행위 : 정당행위란 타인의 법익을 침해하더라도 법률에 의하여 허용되거나 사회적 타당성이 있어 위법성이 조각되는 것을 말한다.

02. 민법상 특수 불법행위책임에 대하여 서술하시오.

1. 책임무능력자의 감독자의 책임(제755조)
   불법행위가 성립하기 위해서는 책임변식지능이 있어야 한다. 하지만 미성년자 또는 심신상실자는 책임변식지능이 없어서 제3자에게 가해행위를 한 때에는 불법행위에 의한 손해배상책임을 지지 않는다. 책임무능력자를 감독할 법정의무가 있는 자 또는 감독의무자에게 갈음하여 책임무능력자를 감독하는 자는 그가 감독의무를 게을리하지 않았음을 입증하지 못하면, 책임무능력자의 불법행위에 대하여 손해배상책임을 진다. 단, 감독의무자가 감독의무를 게을리 하지 않았을 때에는 책임을 면한다.
2. 사용자의 배상책임(제756조)
   사용자의 피용자가 그의 사무집행 중 제3자에게 손해를 입히면 사용자가 손해배상 책임을 진다. (단, 사용자가 피용자의 선임·감독상의 과실이 없음을 입증하면 제3자에게 책임을 지지 아니한다.)
3. 도급인의 책임 (제757조)
   수급인은 도급인으로부터 독립하여 사무를 처리하면 도급인은 수급인의 사용자라고 할 수 없다. 도급인이 수급인에 대하여 일의 집행 시 실질적으로 지휘·감독에 과실이 있으면 사용자 배상책임을 진다.
4. 공작물 등의 점유자, 소유자의 책임(제758조)
   공작물의 설치 또는 보존의 하자로 인하여 타인에게 손해를 가한 때에는 공작물의 점유자가 손해배상책임을 지지만, 점유자가 손해 방지에 필요한 주의를 다했음을 입증하는 경우에는 소유자가 배상책임을 지는 것을 말한다.
5. 동물의 점유자의 책임 (제759조)
   점유 중인 동물이 타인에게 가한 손해에 대하여 동물의 점유자나 보관자가 손해배상책임을 지는 것을 말한다. 동물의 종류와 성질에 따라 그 보관에 상당한 주의를 다하였음을 입증하지 못하면, 동물이 타인에게 가한 손해에 대해 그 점유자가 배상책임을 진다.

6. 공동불법행위자의 책임 (제760조)

손해의 발생이 수인의 행동으로 발생한 불법행위를 말한다.

① 협의의 공동불법행위

수인이 공동으로 불법행위를 한 경우가 해당하는데 각자가 독립하여 불법행위의 요건을 갖추어야 한다는 것이 통설이다.

② 가해자 불명의 공동불법행위(제760조 제2항)

공동 아닌 수인의 행위 중 어느 자의 행위가 그 손해를 가한 것인지를 알 수 없는 경우가 해당한다. 피해자가 인과관계를 입증하는 곤란을 덜어주는데 그 취지가 있으므로 손해발생과 인과관계가 없다는 점을 행위자가 입증하면 면책될 수 있다.

03. 다음 (   )안에 들어 갈 말을 쓰시오.

	산재보험 등	선원 근재보험
휴업급여	평균임금 × 70% × 휴업기간	• 4개월 간 : 통상임금 × 100% • 4개월 이후 : (가)
장해급여	평균임금 × 장해급수에 따른 일수	
유족급여	평균임금 × (나)	
장례비	평균임금 × 120일	
해상실종		(다) + 유족급여

가 : 통상임금의 70% × 기간

나 : 1,300일

다 : 3개월분 평균급여 + 1개월 통상급여

04. A는 시설물배상책임은 갑보험회사에 가입하였고 을보험회사에 포괄배상책임을 가입하였다. (단, D. I. C(Difference in condition) 가입되지 않았다.) 다른 것은 고려하지 않는다.

[갑 보험사의 담보]

1. 한 사고 당 한도 : 3억,

2. 총보상한도 : 5억

[을 보험사의 담보]

1. 한 사고당 한도 : 10억

2. 총보상한도 : 20억

[손해배상액]

	1차 사고	2차 사고	3차 사고
사고당 손해배상액	3억	3억	5억

갑보험회사는 2차 사고시 통지의무 위반으로 2억만 지급하였다.

1. 포괄 배상책임의 기능과 D. I. C (Difference in condition) 증권에 대하여 서술하시오.

2. 각 보험사의 배상책임손해액을 산정하시오.

1. 포괄 배상책임의 기능

① 보상한도 증액 기능 : 각 보험의 담보별로 보상한도를 증액시키지 않고 모든 담보종목의 보상한도를 증액시키는 효과가 있다.

② 기초배상책임보험의 기능 : 보험기간 중 총 보험한도가 한 사고 당 보상한도 이하로 체감되면 총 보험한도가 모두 소진되어 보험계약은 실효된다. 따라서 그 이후에 발생한 사고는 포괄 배상책임보험에서 담보할 수밖에 없고, 이 경우 포괄배상책임보험이 1차 위험부담의 기능을 하게 된다.

③ 비담보 위험의 담보 기능 : 포괄 배상책임보험은 영업배상책임보험, 근재보험 사용자 배상책임, 자동차보험 등에서 담보하지 아니한 위험을 포괄배상책임보험에서 담보하는 기능을 한다.

2. D. I. C (Difference in condition) 증권

기초 배상책임보험과 초과 또는 포괄 배상책임보험간의 담보조건의 차이가 존재하여 기초 배상책임보험에서 보상되지 아니하거나, 손해배상액이 보상한도를 초과하였음에도 불구하고 보상한도 이하로 보상되는 경우가 존재할 수 있다. 이 경우 D. I. C(Difference in condition) 증권은 초과/포괄배상책임보험에서 기초 배상책임보험의 보상한도를 초과하는 배상책임액을 보상하는 것 외에, 기초 배상책임보험에서 보상되지 않거나 보상한도 이하로 보상되는 경우 발생한 손해에 대해서도 보상할 수 있도록 하는 조건이다.

3. 손해액 산정

[갑 보험사]

총보상한도

- 1차사고 : 5억 − 3억 = 총보상한도는 2억만 잔존
- 2차사고 : (2차 사고 손해 3억 발생) 갑 보험에서 1억, 포괄배상책임 을 보험사에서 1억을 지급한다.

[을 보험사]

- 2차 사고 발생 시 갑 보험의 총보상한도가 잔존하지 아니하여 보험계약이 실효되고 을 보험(포괄배상책임보험만)이 잔존하게 된다.
- 포괄배상책임보험은 1차 위험부담의 기능을 한다.
- 만약 D. I. C(Difference in condition) 가입되었다면 2차사고시 을보험사에서 2억을 보상해 준다.

05. 제조물 책임법에서 제품의 결함의 종류를 서술하시오.

📋 가. 설계상의 결함(Design Defect)

　　제조업자가 합리적인 대체설계를 채용하였더라면 피해 또는 위험을 줄이거나 피할 수 있었음에도 불구하고 대체설계를 채용하지 아니하여 해당 제조물이 안전하지 못하게 된 경우를 말한다.

　나. 제조상의 결함(Manufacturing Defect)

　　제조물이 의도한 설계대로 제조되지 않아 안전하지 못하게 된 경우이다.

　다. 경고 또는 지시상의 결함(Failure to Warn or Instruct)

06. 강제(의무)배상책임보험 중 자배법상 보상한도를 적용하는 보험은?

📋 가. 종류

　　① 재난 배상책임보험

　　② 특수건물 소유자의 화재 배상책임

　　③ 다중이용업소 배상책임보험

　　④ 체육시설 배상책임보험

　　⑤ 유도선사업자 배상책임보험

　　⑥ 수상레저 배상책임보험

　　⑦ 낚시터 및 낚시어선 배상책임보험

　　⑧ 가스 배상책임보험

　　⑨ 수련시설 배상책임보험

　　⑩ 청소년활동 배상책임보험

나. 자배법상 보상한도

　① 사망 : 1억 5천만원

　② 후유장해 : 1등급 ~ 14등급(1등급 1억 5천만원)

　③ 부상 : 1등급 ~ 14등급 (부상 1등급 3,000만원)

　④ 사망 최저보험금 : 2,000만원 보장 (과실상계 후 손해액)

07. 다음의 강제(의무)배상책임보험 중 승강기 보수업자 배상책임에 대하여 서술하시오.

📋 승강기 보수업자 배상책임

1. 사망 : 8,000만원

2. 후유장해 : 1등급 ~ 14등급 (1등급 8,000만원)

3. 부상 1등급 ~ 14등급 (1등급 1,500만원)

4. 사망 최저보험금 : 2,000만원 보장 (과실상계 후 손해액)

08. 강제(의무)배상책임보험의 중복상해 시 부상등급 조정에 대하여 서술하시오.

📋 1. 개방성 골절은 한 등급 상향하고, 전위 없는 선상골절은 한 등급 하향한다.

2. 한 사고로 부상이 중복된 경우 상위 등급에서 아래 3등급 이내의 상해가 중복될 경우 한 등급 상향조정한다.

3. 일반외상과 치아가 병합된 경우 각각의 등급 내에서 보상을 하되 그 합계액이 1급 보상한도를 초과할 수 없다.

09. 배상청구기준 증권의 소급담보일자 필요성에 대하여 서술하시오.

1. 정의

- 배상청구기준증권은 이론적으로 손해사고 발생 시점과 관계없이, 보험기간 중에 손해배상청구가 접수되면 보상한다.
- 손해사고의 시점을 보험기간 이전의 일정기간으로 제한하고 그 기간 동안에 발생한 손해사고에 대해서만 배상책임을 담보하는 규정이 필요하며 손해사고일자를 의미하는 소급담보일자(Retroactive Date)에 의한 담보제한 규정을 두고 있다.

2. 소급담보일자(Retroactive Date) 의 필요성

① 위험인수 제한

보험자의 담보 위험의 범위가 무한정 확장되는 것을 방지하기 위해, 보험기간 이전의 특정한 날짜 이후에 발생한 손해사고에 대해서만 담보하도록 제한할 필요성이 있는 것이다.

② 이전 증권과의 시간적 범위조정

배상청구기준증권으로 가입하면서 이전 손해사고기준증권과의 담보공백이 없도록 하기 위해서는 소급담보일자로 시간적 범위를 조정할 필요성이 있다.

③ 사고원인의 불분명성

사고발생 후 오랜 기간이 경과하면 사고의 원인이 불분명해져 보험자가 담보하여야 할 사고인지 여부가 어렵게 될 수 있다. 따라서 일정기간 이전에 발생한 사고로 담보일자를 제한 할 필요성이 있다.

10. 배상청구기준증권의 보고기간 연장담보 (ERP : Extended Reporting Period)에 대하여 서술하시오.

1. 정의

- 손해사고기준증권은 보험기간 중에 발생된 사고는 보험기간이 종료된 후에 청구가 되어도 담보하지만 배상청구기준증권은 이를 담보하지 않는다. 이는 보험기간이 끝날 때 발생하는 사고는 배상청구할 수 없는 상황이 발생할 수도 있기 때문이다. 따라서 배상청구기준증권에서 이러한 위험을 담보하기 위한 특약조항이 보고기간 연장담보(Extended Reporting Period)이다.
- ERP는 제한된 조건하에서 보험기간 종료 후 일정기간 내에 제기되는 손해배상청구는 보험기간의 종료일에 배상청구가 제기된 것으로 간주하여 담보하는 취지의 조항이다.

2. ERP의 전제조건

① 보험계약이 보험료 부지급 이외의 사유로 해지되었거나 갱신되지 않은 경우

② 갱신된 배상청구기준증권의 소급담보일자가 이전 증권의 소급담보일자보다 후일로 되어 있는 경우

③ 갱신된 증권이 손해사고기준증권인 경우

3. ERP의 종류

① 자동 보고기간 연장담보(Automatic ERP)

1) 단기 자동연장담보기간(Mini Tail)

소급일자와 만기일 사이에 발생된 사고에 대한 손해배상청구가 만기일과 만기일 다음 날부터 60일 이내에 제기된 경우에는 그 손해배상청구가 만기일에 제기된 것으로 간주하여 담보한다.

2) 중기 자동연장담보기간(Midi Tail)

소급일자와 만기일 사이에 발생된 사고가 보험기간의 만기일 다음날로부터 60일 이내에 통보된 후 그 사고에 대한 손해배상청구가 만기일로부터 5년 이내에 제기된 경우에는 그 손해배상청구가 만기일에 제기된 것으로 간주하여 담보한다.

3) 선택 연장담보기간(Optional ERP)

소급담보일자와 만기일 사이에 발생된 사고에 대하여 만기일 다음날 이후에 제기되는 손해배상청구는 제한 없이 모두 담보한다.

11. 배상책임보험의 보상한도액에 대해 기술하시오.

답 1. 보상한도액 (Limit of Liability)

① 정의

배상책임보험은 보관자 배상책임보험을 제외하고는 보험가액을 산출할 수 없기 때문에 피보험이익을 금전적으로 평가한 가액. 즉, 보험가액에 대비되는 개념으로 책임의 측면에서 배상책임보험에서는 보험자가 보험사고 발생 시에 보상하는 보험금액의 한도를 보상한도액 (Limit of Liability) 이라고 한다.

② 보상한도액을 정하는 이유

1) 보험자의 책임제한

2) 보험료산정의 기준

3) 도덕적 해이 예방

③ L.O.L을 정하는 방법

1) 분할보상한도 (Split Limits)

대인 보상한도 (Bodily Injury Limit) 와 대물 보상한도 (Property Damage Limit) 로 가입할 수 있다. 일반적으로 대인배상의 경우는 1인당(Any One Person) 및 1사고당(Any One Occurrence) 두 가지 한도액을 규정하게 되고, 대물배상에 있어서는 1사고당 한도액을 정하게 된다.

2) 포괄단일 보상한도 (Combined Single Limit)

계약에 의하여 대인배상이나 대물배상을 각기 구분하지 않고 포괄하여 한도액을 정하는 방법도 있는데, 이를 대인·대물 포괄단일 보상한도(Combined Single Limit)라고 한다.

3) 총보상한도 (Aggregate Limit)

계약조건으로 보험기간 중 총보상한도액 (Aggregate Limit)을 설정할 수 있으며 이를 설정하면 보상한도액이 자동복원되지 않는다.

12. 보험자대위(청구권 대위)에 대해 기술하시오.

1. 정의

피보험자의 손해가 제3자의 행위로 인하여 생긴 경우에 보험금을 지급한 보험자는 그 지급한 금액의 한도에서 제3자에 대한 보험계약자 또는 피보험자의 권리를 취득하는 것을 말한다. 피보험자의 이중이득을 방지하고 손해의 원인을 제공한 제3자가 보험금지급에 의한 손실 전보를 통하여 손해배상책임을 면하는 것을 방지하는데 그 목적이 있다.

2. 요건

① 제3자의 행위로 인한 손해발생

제3자란 보험자, 보험계약자 또는 피보험자를 제외한 모든 자를 말한다.

② 보험금의 지급

청구권대위의 경우에는 잔존물대위와 달리 보험자가 보험금의 일부를 지급한 때에도 지급 보험금의 범위 내에서 대위의 효력이 생긴다.

3. 효과

① 제3자에 대한 권리의 취득

제3자에 대한 권리의 취득은 법률상 당연한 효과로서 발생하며 통지나 승낙을 요하지 아니한다.

② 취득하는 권리의 내용

보험자가 취득하는 권리는 제3자에 대한 보험계약자 또는 피보험자의 불법행위 또는 채무불이행에 의한 손해배상청구권이다.

③ 권리이전의 시기

보험자의 제3자에 대한 권리의 취득 시기는 보험금을 지급한 때이다.

④ 대위권 행사의 범위

제3자는 피보험자에 대한 항변으로서 보험자에게 대항할 수 있다. 제3자에 대한 보험자 대위권의 행사는 피보험자가 보험사고로 인하여 제3자에게 가지는 권리를 행사하는 것이므로 피보험자의 권리에 의하여 제한된다. 보험자는 피보험자가 제3자에 대하여 가지는 권리 이상을 취득하지 못한다.

4. 대위권 행사의 제한

① 보험금을 지급한 경우

보험자가 피보험자에게 보상할 보험금의 일부를 지급한 때에는 피보험자의 권리를 해하지 아니하는 범위 내에서 그 권리를 행사할 수 있다.

② 일부보험의 경우

상법에 청구권대위의 경우 잔존물대위와 같이 비례 취득한다는 단서조항이 없다. 이에 따라 이전하는 권리에 대하여 절대설, 상대설(비례주의), 차액설 등의 견해가 있으나, 보험자는 일정한 보험금액의 지급에 대한 대가로써 보험료를 받는 것이고, 보험사고로 보험 금액을 지급하게 될 경우 보험자 대위권의 취득여부는 고려함이 없이 보험금을 지급하여야 하는 것이므로 피보험자의 권리를 우선하는 차액설이 타당하다.

5. 피보험자 등의 협조의무

보험자가 보험금을 지급하여 법률상 그 보험의 목적이나 제3자에 대한 피보험자의 권리를 취득한다 하더라도
그 권리를 행사하기 위해서는 피보험자 등의 협조가 필요하다. 청구권대위의 경우에도 피보험자 등은 그 손해
배상청구권을 행사하는데 필요한 정보를 보험자에게 제공하여 주고 그 권리의 증거가 되는 서류를 제출할 의
무가 있다고 볼 수 있다.

6. 보험자대위권 금지

피보험자가 생계를 같이하는 가족에 대하여 갖는 권리는 취득하지 아니한다. 다만, 손해가 그 가족의 고의로 인
하여 발생한 경우에는 피보험자의 권리를 취득한다.

13. 제3자 배상책임보험(Third Party Liability : TPL)의 담보위험을 서술하시오.

1. 정의

제3자 배상책임보험 (Third Party Liability : TPL)은 개인 또는 기업의 시설이나 활동(전문직업과 관계없는 활
동)과 관련하여 제3자. 즉, 불특정 다수인의 신체나 재물에 손해를 입힘으로써 지는 불법행위책임을 담보하는
보험이다.

2. 담보위험

① 영업배상책임보험

1) 시설 (Premises)

피보험자가 소유, 사용, 관리 또는 임차한 시설로 인해 발생된 사고에 대한 책임이다. 시설이라 함은 동산
과 부동산을 말하며 건물, 기계설비와 같은 토지의 정착물과 인공적인 시설물, 하천과 같은 자연물, 중장
비, 가스용기 등 동적인 공작물을 말한다.

2) 업무활동(Operations)으로 인한 책임

시설을 이용하여 수행하는 업무활동으로 인하여 발생된 사고에 대한 책임이다. 업무활동은 완성된 시설을
본래의 용도에 따라 이용하는 행위이며 업무에 필수적 행위는 물론이며 이에 수반하는 활동을 포함한다.

② 개인배상책임보험

1) 시설 (Premises)

피보험자가 주거용으로 사용하는 보험증권에 기재된 주택의 소유, 사용 또는 관리에 기인하여 발생된 사
고에 대한 책임이다.

2) 일상생활(Operations)로 인한 책임

피보험자의 일상생활 (주택이외의 부동산의 소유, 사용 또는 관리는 제외)에 기인하여 발생된 사고에 대
한 책임이다.

14. 영업배상책임보험의 시설소유관리자 특별약관에 대해 서술하시오.

1. 정의

- 피보험자가 소유, 사용 또는 관리하는 시설 및 그 시설의 용도에 따른 업무의 수행으로 생긴 우연한 사고로 일반 제3자에게 신체나 재물상의 손해를 입혔을 경우 부담하는 법률상 배상책임 손해를 담보하는 특약이다.
- 과실책임주의에 의한 일반불법행위책임과 피보험자가 소유, 사용, 관리하는 공작물의 설치 또는 보존의 하자에 기인하는 사고로 타인에게 손해를 입힌 경우 무과실책임을 부담한다.

2. 담보위험

① 시설(Premises)로 인한 책임

피보험자가 소유, 사용, 관리 또는 임차한 시설로 인하여 발생된 사고에 대한 책임이다. 시설이라 함은 동산과 부동산을 말하며 건물, 기계설비와 같은 토지의 정착물과 인공적인 시설물, 하천과 같은 자연물 및 중장비, 가스용기 등과 같은 동적인 공작물 등이다.

② 업무활동(Operations)으로 인한 책임

시설을 이용하여 수행하는 업무활동으로 인하여 발생된 사고에 대한 책임이다. 업무활동은 완성된 시설을 본래의 용도에 따라 이용하는 행위이며, 업무에 필요한 행위는 물론 이에 수반하는 활동을 포함한다.

3. 주요 면책손해

① 보관자책임

② 운송위험

③ 채무불이행책임

④ 생산물배상책임

⑤ 전문인배상책임

4. 추가담보특약

① 구내치료비담보

② 비행담보

③ 물적손해확장담보

④ 운송위험담보

15. 영업배상책임보험의 건설기계업자 특별약관에 대해 서술하시오.

답 1. 정의

　피보험자(건설기계업자)가 소유, 사용, 관리하는 중장비 및 중기의 용도에 따른 업무의 수행으로 생긴 우연한 사고로 인하여 타인의 신체에 장해를 입히거나 재물에 손해를 입혔을 때 법률상배상책임을 부담함으로써 입은 손해를 담보하는 특약이다.

2. 가입대상

　중기를 직접소유, 관리 또는 운영하는 업체 및 개인중기 소유자와 중기를 임차하여 건설, 설비 또는 토목공사 등을 수행하는 업체 또는 개인 중기임차자가 가입대상이다.

3. 주요 면책위험

　① 작업의 종료(작업물건의 인도를 요하는 경우에는 인도) 또는 폐기 후 작업의 결과로 부담하는 배상책임 및 작업물건 자체의 손해에 대한 배상책임

　② 토지의 내려앉음, 융기, 이동, 진동, 붕괴, 연약화 또는 토사의 유출로 생긴 토지의 공작물 (기초 및 부속물을 포함), 그 수용물 및 식물 또는 토지에 대한 손해와 지하수의 증감으로 생긴 손해에 대한 배상책임

　③ 지하매설물에 입힌 손해 및 손해를 입은 지하매설물로 생긴 다른 재물의 손해에 대한 배상책임

　④ 폭발로 생긴 재물손해에 대한 배상책임

　⑤ 지하자원에 입힌 손해에 대한 배상책임

　⑥ 중기자체의 결함으로 생긴 손해로서 중기제작자에게 배상책임이 있는 손해로 인한 배상책임

　⑦ 피보험자(건설기계업자)의 근로자가 피보험자의 업무에 종사 중 입은 신체장해에 대한 손해배상책임

16. 선주 및 유·도선사업자배상책임에서 대인담보 특별약관을 약술하시오.

답 1. 정의

피보험자가 보험증권상의 담보지역 내에서 보험기간 중에 생긴 사고로 보험증권에 기재된 유도선에 탑승한 승객의 신체에 장해를 입혀 법률상 배상책임을 부담함으로써 입은 손해를 보상하는 보험이다.

2. 구분

[해상여객운송사업 (해운법) 과 도선사업 (도선사업법)]

- 선주배상책임보험은 해운법에 따라 해상에서 여객을 운송하는 선박인 여객선, 유람선, 관광선 등은 한국해운공제조합이 국내 해상운송 사업자의 여객 인명피해에 대한 선주의 손해배상책임을 공제사업으로 인수하고 있다.
- 유·도선사업자는 여객의 인명피해에 대한 배상책임을 담보할 수 있도록 보험가입을 의무화하고 있고 유선 및 도선사업법의 대상인 선박은 하천, 호소 및 바다에서 어업, 관광, 유람 또는 사람이나 물건을 운송하는 것을 목적으로 운항하는 선박으로서 해운법의 적용을 받지 아니하는 선박을 말한다.
- 동 보험은 여객의 신체에 입은 손해를 기본 담보하며, 여객 외 제3자의 신체손해, 관습상의 비용 및 구조비용은 특별약관으로 담보한다.

3. 뚜렷한 정원 초과의 개념과 보상책임

획일적으로 규정할 수 없는 것이며, 당해 선박의 여건에 따라 판단해야 한다. 그러나 보험자는 이 사고가 뚜렷한 정원초과로 발생하였음을 입증하지 못하면 경미한 초과로 간주될 것이다. 경미한 정원 초과는 그것이 비록 사고의 원인이 되었다하더라도 보험자 측에서 이를 면책으로 주장할 수 없다. 뚜렷한 정원초과라 하더라도 이것이 사고와 관련하여 상당인과관계가 없음을 피보험자가 입증하는 경우에는 정원을 한도로 보상한다.

4. 정원 초과 시 보상방법

경미한 정원초과 내지 뚜렷한 정원초과로 생긴 손해가 아님을 입증한 때에는 안분해서 지급한다. 이 경우 승객 1인당 보험가입금액은 승객의 수에 따라 지급한다.

> **📁 예제**
>
> - 보험가입금액 : 1인당 1억
> - 탑승정원 : 4명
> - 사고시 승선인원 : 5명
> - 1억 × 4명/5명 = 8천만원

17. 일상생활, 가족일상생활 및 자녀 배상책임보험을 비교하여 서술하시오.

---

1. 보장위험

① 피보험자가 주거용으로 사용하는 보험증권에 기재된 주택의 소유, 사용 또는 관리에 기인하는 우연한 사고

② 피보험자의 일상생활(주택이외의 부동산의 소유, 사용 또는 관리는 제외)에 기인하는 우연한 사고

2. 피보험자

① 일상생활 배상책임 특별약관

(1) 기명피보험자

(2) 기명피보험자와 동거하는 배우자

② 가족일상생활 배상책임보험 특별약관

(1) 기명피보험자

(2) 기명피보험자의 배우자(가족관계등록부 또는 주민등록상에 기재된 배우자)

(3) 기명피보험자 또는 배우자와 생계를 같이하는 보험증권에 기재된 주택의 주민등록상의 동거 중인 친족

(4) 기명피보험자 또는 배우자와 생계를 같이 하는 미혼 자녀

③ 자녀 배상책임보험 특별약관

(1) 기명피보험자

(2) 기명피보험자의 법정감독의무자

3. 주요 면책손해

① (가족)일상생활 배상책임 특별약관

(1) 피보험자의 직무수행으로 인한 배상책임

(2) 보험증권에 기재된 주택을 제외한 피보험자 소유 부동산의 소유, 사용 또는 관리에 기인하는 배상책임

(3) 종업원에 대한 책임

(4) 세대를 같이하는 친족에 대한 배상책임

(5) 항공기, 선박, 차량, 총기의 소유, 사용, 관리에 기인하는 배상책임

(6) 피보험자가 소유, 사용, 관리하는 재물이 손해를 입었을 경우에 그 재물에 대하여 정당한 권리를 가진 사람들에게 부담하는 배상책임. 단, 호텔 등 숙박시설의 객실이나 객실 내의 동산에 끼친 손해에 대하여는 그러하지 아니하다.

(7) 주택의 수리·개조, 신축 또는 철거공사로 생긴 손해에 대한 배상책임. 그러나 통상적인 유지·보수작업으로 생긴 손해에 대한 배상책임은 보상한다.

(8) 폭행행위에 기인한 배상책임

② 자녀 배상책임보험 특별약관

(1) 보험계약자, 피보험자의 고의

(2) 자녀와 동거하는 친족에 대한 배상책임

(3) 자녀와 생계를 같이하는 별거 친족에 대한 배상책임

(4) 자녀가 소유, 사용 또는 관리하는 재물에 대하여 그 재물에 대한 정당한 권리를 가진 사람에게 부담하는 배상책임

(5) 자녀 또는 자녀의 지시나 폭행 또는 구타에 기인하는 배상책임

(6) 항공기, 선박, 차량(원동력이 인력에 의한 것은 제외), 총기(공기총 제외)의 소유, 사용 또는 관리에 기인하는 배상책임

18. 국문 영업배상책임보험과 영문 C.G.L (Commercial General Liability) 차이점을 약술하시오.

🔖 1. 약관의 구성(담보방식)

① 국문 영업배상책임보험

보통약관에 위험담보 특별약관을 첨부하여 보험목적을 담보한다. 즉, 보험약관에는 보험계약에 관련한 기본적인 사항을 기재하고, 담보하는 사고 내용에 대하여는 각 위험에 대한 특별약관을 추가하여 담보하는 형태이다. (보통약관 + 위험담보 특별약관)

② 영문 C.G.L (Commercial General Liability)

C.G.L은 CGL(I) Occurrence Basis Policy와 CGL(II) Claims-Made Basis Policy 두 종류가 있으며, 업종에 관계없이 전 위험을 포괄적으로 담보하고 필요에 따라 특별약관(Exclusion)으로 제외하는 형태이다. (포괄담보 + 부담보 특별약관)

2. 자기부담금 적용방식

- 사고에 대하여 피보험자가 부담하는 금액으로 피보험자가 선택하여 정할 수 있다.
- 국문약관은 손해액에서 자기부담금액이 공제되나, 영문 C.G.L는 손해액뿐만 아니라 보상한도액에서도 자기부담금액 (기초공제액)이 공제 된다.

3. 비용손해 담보범위

① 국문 영업배상책임보험

1) 손해방지비용 : 전액

2) 대위권보전비용 : 전액

3) 방어(소송)비용 : 보상한도액 내

4) 공탁보증보험료 : 보상한도액 내

5) 협력비용 : 전액

② 영문 C.G.L (Commercial General Liability)

추가지급조항

1) 보험자에 의해 발생된 비용

2) 보석보증보험료($250 한도)

3) 피보험자에게 부과된 소송비용

4) 예비판결 등

추가지급조항에서 보상되는 비용은 보상한도액을 초과하여 전액 추가 보상함.

19. 영문 영업배상책임보험에서 보상하는 손해(Insuring Agreement)를 서술하시오.

1. 정의

손해사고기준증권의 경우 보험증권상의 담보지역내에서 보험기간 중 발생한 사고, 배상청구기준증권의 경우 보험증권상의 담보지역 내에서 소급담보일자와 담보기간의 만기일 사이에 발생되어 보험기간 중에 처음으로 손해배상청구가 제기된 사고로 타인에게 신체장해나 재물손해 및 인격침해나 광고침해를 입힘으로써 법률상 배상책임 있는 손해를 보험증권상 보상한도액내의 손해배상금과 사고처리 비용 등을 보상하는 보험이다.

2. 보상하는 손해

① Coverage A 보상하는 손해 : BI(신체장해) & PD(재물손해)

타인에게 신체장해나 재물손해를 입힘으로써 발생하는 법률상 배상책임 있는 손해를 보상한다.

② Coverage B 보상하는 손해 : PI(인격침해) & AI(광고침해)

인격침해 또는 광고침해로 피보험자가 법률상의 손해 배상책임을 부담함으로써 입은 손해를 보상한다.

1) Personal Injury(인격침해)

피보험자의 사업수행 중 발생한 인격침해. 그러나 피보험자 또는 피보험자를 위한 광고, 출판물, 라디오 방송, TV 방송 등과 관련하여 발생한 인격침해는 보상하지 않는다.

(1) 불법체포, 불법감금 또는 불법구치

(2) 무고에 기인하는 소추

(3) 주거침입 또는 불법퇴거

(4) 구두 또는 출판물로 개인이나 단체를 중상, 비방하거나 개인 또는 단체의 제품이나 서비스에 대한 중상

(5) 구두 또는 출판물에 의한 사생활 침해

2) Advertising Injury (광고침해)

피보험자의 제품 및 서비스에 관한 광고로 발생한 광고침해

(1) 구두 또는 출판물로 개인이나 단체를 중상, 비방하거나 개인 또는 단체의 제품이나 서비스에 대한 중상

(2) 구두 또는 출판물에 의한 사생활 침해

(3) 광고기획 또는 사업방식의 유용

(4) 저작권, 타이틀 또는 표어의 침해

③ Coverage C 보상하는 손해

Medical Payments(의료비담보)는 피보험자의 구내에서 제3자가 입은 신체장해 사고에 대하여 피보험자에게 배상책임이 없는 경우 피해자가 입은 손해 중 의료비에 한하여 일정금액을 한도로 보상하는 내용의 담보조항이며, 피보험자가 임의적으로 결정하는 선택담보조항이다.

1) 보험기간 중에 담보지역 내에서 사고가 발생하고

(1) 사고일로부터 1년 내에 발생하여 보험회사에 통지된 치료비로서

(2) 피해자가 보험회사의 요청에 따라, 보험회사의 비용으로 보험회사가 지정한 의사의 진단서를 제출한 경우에 한하여, 보험회사는 아래의 신체장해 사고로 발생한 의료비를 보상한다.

(3) 피보험자가 소유 또는 임차한 시설에서 발생한 사고

(4) 피보험자가 소유 또는 임차한 시설에 인접한 장소에서 발생한 사고

(5) 피보험자의 사업 활동에 기인된 사고

2) 보험회사는 필요하고도 유익한 비용으로서 피보험자의 과실유무를 불문하고 보상한도액 내에서 아래의 의료비를 보상한다.
  (1) 응급처치 비용
  (2) 치료, 수술, X선 검사, 보철기구를 포함한 치과치료비
  (3) 구급차, 입원, 전문간호, 장례비

④ Supplementary Payments(추가지급조항 – 담보A 및 담보B)

1) 보험자에 의하여 발생된 비용

전액보상하며 규정여부에 불구하고 당연히 보험자가 부담하여야 할 비용이다.

2) 보석 보증보험료

신체장해배상책임 담보가 적용되는 차량사용에 기인하는 사고 또는 도로교통법규 위반으로 필요한 보석 보증보험료를 250달러 한도 내에서 실손보상한다.

3) 차압해제보증 보험료

피보험자의 재산에 대한 차압해제를 위하여 공탁하여야 하는 금액에 대한 보증보험료를 보상하되 보험 증권상 보상한도액이내의 금액에 대한 차압해제 보증보험료를 보상한다. 그러나 보험회사에서 차압해제 보증을 제공할 의무는 없다.

4) 피보험자 협력비용 및 소득손실

피보험자는 사고처리에 관하여 보험자가 요구하는 사항에 협조하여야 하며 그러한 협조에 소요되는 비용 전액을 보상한다. 따라서 이에 협조함으로써 발생되는 소득상실에 관하여 보험회사의 요청에 따라 조사 또는 손해배상청구소송 및 소송에 대한 방어에 협조하는데 소요된 비용과 일당 100달러 한도 내의 소득손실을 보상한다.

5) 피보험자에게 부과된 모든 소송비용

소송상 피보험자에게 부과된 비용전액을 보상한다.

6) 예비 판결이자

보험회사가 지급하는 판결금액에 대해서 피보험자에게 부과되는 예비판결의 이자. 다만, 보험회사가 이 보험에서 보상되는 금액을 지급할 것을 통지하였다면 통지 후의 예비판결의 이자는 보상하지 아니한다.

7) 판결이자

판결 확정 후에 발생하는 판결액에 대한 이자. 다만, 보험회사가 이 보험의 보상한도액 내에서 판결액의 일부를 법원에 지급, 지급제의 또는 공탁할 때까지 발생한 것에 한한다. 추가지급조항에서 보상되는 비용은 보상한도액을 초과하여 보상한다.

20. 영문 영업배상책임보험에서 보상하지 않는 손해(Exclusions)를 서술하시오.

답 1. Coverage A – Bodily Injury and Property Damage Liability

아래와 같이 14개의 면책조항이 있으며 그 내용은 국문약관과 유사하나 일부 차이점이 있다.

① Intended or expected loss (고의)

② Contractual Liability (계약상의 가중책임)

국문약관과 달리 아래 담보계약에 대해서는 면책조항을 적용하지 아니한다.

1) 시설의 임대차계약

2) 철로부설사용계약

3) 차량이나 보행자 전용 철도 건널목 동일평면에 관한 지역권 또는 사용권계약

4) 기타 지역권. 그러나 철도 부지내 또는 부지로부터 50 feet까지의 인접지에서 행하는 건설작업이나 해체작업에 관한 지역권계약은 제외한다.

5) 자치단체를 위한 작업에 관련된 것을 제외한 조례에 따른 자치단체에 대한 보상계약

6) 승강기 보수계약

7) 신체장해나 재물손해가 발생하기 전에 타인이 제3자에게 신체장해나 재물손해를 입힘으로써 불법행위책임이라 함은 계약이 없었더라도 법률규정에 의하여 그 책임을 부담하게 되는 배상책임을 말한다.

2. Coverage B (Personal and Advertising Injury Liability)면책위험

① 인격침해 또는 광고침해 공통 면책위험

1) 허위임을 알면서도 피보험자 또는 피보험자의 지시에 의해 구두 또는 서면 자료를 공표하여 발생한 경우

2) 보험기간 개시 전에 구두 또는 서면 자료가 최초로 공표되어 발생한 경우

3) 피보험자의 또는 피보험자의 동의하에 고의적인 형법위반으로 발생한 경우

4) 계약에 의하여 가중된 경우. 그러나 계약이 없더라도 부담하게 될 배상책임은 보상

② 광고침해 고유 면책위험

1) 계약을 위반한 경우. 그러나 묵시계약상 광고기획의 유용으로 발생한 경우에는 보상

2) 제품 또는 서비스가 광고된 품질 또는 성능에 적합하지 않은 경우

3) 제품, 서비스의 가격표시가 잘못된 경우

4) 광고, 라디오, 출판물 또는 TV 방송을 사업으로 하는 피보험자에 의해 위법으로 발생한 경우

3. Coverage C (Medical Payments)의 면책위험

① 피보험자 자신의 신체장해

② 피보험자를 위해 또는 피보험자를 대신해서 고용된 사람, 또는 피보험자에게 세든 사람에 대한 신체장해

③ 피보험자가 소유 또는 임차하는 시설을 통상적으로 점유하고 있는 자가 입은 신체상해

④ 피보험자의 근로자 여부를 불문하고 근로자재해보상에 관한 법률, 폐질급부에 관한 법률, 기타 이와 유사한 법률에 의하여 보상되는 신체상해

⑤ 운동경기에 참가 중에 입은 신체상해

⑥ 생산물/완성작업위험에 포함되는 신체상해

⑦ Coverage A에서 보상하지 않는 신체상해

⑧ 선전포고의 유무에도 불구하고 전쟁 또는 전쟁에 수반되는 사태로 생긴 신체장해

21. 영문 영업배상책임보험에서 피보험자에 대해 기술하시오.

답 1. 정의

배상책임보험에서 피보험자는 타인에게 손해를 입혀 법률상 배상책임을 지는 자를 말한다.

배상책임보험에서 보험사고가 성립하기 위해서는

① 피해자가 존재하고

② 가해자(행위자)의 행위가 있어야 하며

③ 피해사실과 가해자(행위자)의 행위 상호 간에 인과관계가 성립되어야 한다.

이때 배상책임보험의 피보험자는 항상 가해자(행위자)에 해당하는 주체로 설정되어야 한다. 즉, 상해보험, 화재보험 등에서는 피해자와 피보험자가 동일한 것이 일반적이지만 배상책임보험에서는 피해자가 아닌 가해자(행위자)가 피보험자가 된다.

2. 피보험자의 분류

배상책임보험에서 피보험자는 단독피보험자, 기명피보험자, 공동피보험자, 추가피보험자 및 의제피보험자로 구분된다.

① 단독피보험자(Solo Insured)

보험계약에서 1인만을 피보험자로 하는 경우를 말한다. 일반적으로 보험 계약자가 피보험자인 경우가 많으나 보험료납입자가 다르거나 타인을 위한 보험계약 등에서는 보험계약자와 피보험자가 상이하다.

② 공동피보험자(Co-Insured)

2인 이상을 피보험자로 하는 경우에 공동피보험자라고 하며 영문약관에서는 그들 중 처음에 기재된 피보험자를 제1순위 기명피보험자(First Named Insured)로 하고, 두 번째 이하의 피보험자를 기명피보험자(Named Insured)로 구분하여 보험계약상 특정사안(보험료 납입, 계약해지, 계약조건 변경 등)에 대하여 권리와 의무를 부담하게 된다.

③ 추가피보험자(Additional Insured)

- 보험계약 당시에 보험증권상의 기명피보험자란에 기재되지 아니하고 별도의 배서에 의하여 피보험자로 추가되는 자를 말한다.
- 후순위 공동피보험자는 보험계약상의 각종 권리의 행사와 의무를 부담하지만 추가피보험자는 단지 제한된 범위 내에서 권리와 의무를 가지며 사고 시 보험으로 보호받기 위한 지위에 지나지 않는다.

④ 의제피보험자(Fictitious Insured)

- 영문약관의 피보험자 범위에 관한 규정에서는 의제피보험자를 정할 수 있도록 하고 있는데 이는 피보험자의 근로자와 같이 피보험자의 직무를 수행하는 자를 제한된 조건하에서 피보험자로 간주하는 사람들이다.
- 의제피보험자는 보험계약상의 권리와 의무는 없고, 다만 보험사고로 보험금을 지급한 경우에 대위권을 행사하지 아니한다.

책임 · 근로자재해보상보험의 이론과 실무 연습문제

📌 | 사례문제 기초 연습

손해액 산정		
적극적 손해	치료비	치료비총액 × (1 - 피해자 과실)
	향후치료비	현가 또는 향후치료비 × 경과년수 H계수 합
	개호비	(보통인부 × 30日) × 개호인수 × 개호기간해당 H계수
	보조기	현가 또는 보조구비 × 경과년수 H계수 합
	장례비	500만원
소극적 손해	입원	월소득액 × 노동능력상실률100% × H계수 (보통인부×20日판례)
	통원	월소득액 × 노동능력상실률 × H계수
	장해	월소득액 × 노동능력상실률 × H계수
	사망	월소득액 × 2/3(생활비 공제) × 노동능력상실률 100% × H계수(240 한도, 414개월)
	퇴직금	[(예상총퇴직금 × 사고당시 현가율) - 기근속 퇴직금] × 노동능력상실률(사망 100%, 장해율)
정신적 손해 (위자료)	사망	기준금액 × 노동능력상실률 100% × [1-(과실×0.6)]
	장해	기준금액 × 노동능력상실률 × [1-(과실×0.6)]

01. 법률상손해배상금 산정 기초연습(부상)

> 피해자 (치료 후 장해)
> - 직업 : 급여소득자
> - 요추 압박골절 : 30%(영구장해)
> - 월 급여 : 5,000,000원
> - 보통인부 일용노임 : 100,000원
> - 치료비 : 10,000,000원
> - 피해자 과실 : 20%
> - 호프만계수
>   - 사고일~ 입원기간까지 (6개월) : 5(H계수)
>   - 사고일~ 정년까지 (40개월) : 35(H계수)
>   - 사고일~ 가동기간까지 (90개월) : 85(H계수)

I. 법률상손해배상금

① 적극적 손해

치료비 : 10,000,000원 × (1-20%) = 8,000,000원

② 소극적 손해

1) 사고 ~ 치료종결

5,000,000원 × 100% × 5H × (1-20%) = 20,000,000원

2) 치료종결 ~ 정년

5,000,000원 × 30% × 30H(35-5) × (1-20%) = 36,000,000원

3) 정년 ~ 가동종료

(100,000원×20일) × 30% × 50H(85-35) × (1-20%) = 24,000,000원

4) 합계 : 80,000,000원

> **참고**
>
> **일용근로자의 월 가동일수**
> - 기존 기준 : 도시 일용근로자의 월 가동일수를 22일로 인정하던 기존 기준이었다.
> - 변경된 기준 : 2024년 4월 25일, 대법원은 도시 일용근로자의 월 가동일수를 20일로 인정하는 판결을 선고하였다.

③ 정신적 손해

위자료 : 1억원 × 30% × (1-6/10×20%) = 2,640만원

④ 합계 : 11,440만원

02. 법률상손해배상금 산정 기초연습(사망)

> 피해자 (사망)
> - 소속 : A 건설 직원
> - 월 급여 : 6,000,000원
> - 평균임금 : 200,000원/ 일
> - 보통인부 일용노임 : 200,000원
> - 호프만계수
>   - 사고일~ 정년까지 (60개월) : 50(H 계수)
>   - 사고일~ 가동기간까지 (90개월) : 80(H 계수)
> - 피해자 과실 : 20%

답 1. 소극적 손해

    ① 사고 ~ 정년

      600만원 × 100% × 50H × (1-1/3) = 20,000만원

    ② 정년 ~ 가동종료

      (20만원×20일) × 100% × 30H(80-50) × (1-1/3) = 8,000만원

    ③ 계 : 28,000만원 × 과실 20% = 22,400만원

2. 위자료

    1억 ×100% × [1-(20%× 6/10)] = 8,800만원

3. 합계

    22,400 + 8,800만원 = 31,200만원

03. 사례문제 향후 치료비 현가 기초 연습

📁 예제 1

- 발생치료비 : 100만원
- 성형비용(현가) : 100만원
- 피해자과실 : 20%

📝 [100만원(발생치료비)＋100만원(성형)] × (1 － 20%) = 160만원

📁 예제 2

- 기왕치료비 : 100만원
- 치아 보철비용 : 1회당 100만원(향후 10년 주기 4회 인정, 초회 미실시)
- 피해자과실 : 20%
- 호프만 연간수치표 가정
  0년(1.0) 5년(0.8) 10년(0.6), 15년(0.5), 20년(0.4), 25년(0.3), 30년(0.2). 35년(0.1)

📝 [100만원＋(100만원 × 2.2(1＋0.6＋0.4＋0.2))] × (1－20%)＝2,560,000원

📁 예제 3

- 경과년수 가정 : 0년(1.00), 10년(0.66), 20년(0.50), 30년(0.40), 40년(0.34)
- 잔여여명이 49년, 치아 1개 단가 1,000,000원, 최초 1회 미실시, 향후 10년 주기, 무과실

📝 1,000,000원 × 2.9 [1 + 0.66 + 0.5 + 0.4 + 0.34] = 2,900,000원(현가)

04. 사례문제 개호비 기초연습

[산식 : 보통인부의 월임금 × 필요 개호인의 수 × 여명까지 H 계수 × (1 - 피해자 과실)]

- 건설부문 보통인부 : 200,000원(일당)
- 요양기간동안 통합간병비 지급
- 피해자 과실 : 20%
- 노동능력상실률 : 전신마비 100% 영구장해(1일 8시간 개호 인정)
- 호프만 계수
  - 사고시점~요양기간 : H 계수(20개월) : 15
  - 사고시점~정년까지 : H 계수(200개월) : 115
  - 사고시점~가동기간까지 : H 계수(240개월) : 135
- 여명단축 발생(사고시점 기준, 정상인 여명은 400개월, 잔존여명은 정상인의 50% 예상)
  1개월을 30일로 계산한다.

정상인 여명 400개월 × 50%(잔존여명) = 200개월 (정년시점 여명종료)

(200,000원 × 30일) × 1인(8시간) × 100H(115 - 15)×(1 - 20%)=480,000,000원

01. 영업배상책임보험 도급업자 특약

피해자 박○○는 주)한국건설(원청)의 하도급업체인 연안(공동 피보험자)이 시공하는 영등포길 이면도로 보도블록을 아스콘으로 교체하는 공사현장 옆을 지나가던 중, 보도블록 폐기물을 굴삭기로 덤프트럭 적재함에 싣는 작업 중인 굴삭기가 피해자를 보지 못한 상태에서 폐기물을 적재하다가 보도블록 폐기물들이 적재함에서 쏟아져 피해자가 이에 충격을 받고 넘어지면서 허리척추골절 등의 상해를 입었다. 작업 중이던 굴삭기는 연안에 공사일지에 의해 월 단위로 장비 임대료를 지급(장비임대계약서 없음)하였으며 연안으로부터 현장 상황에 대한 작업지시를 받고 있었다. 연안은 안전요원과 안전시설을 충분히 갖추지 않았음.

[보험계약사항]
- 보험종목 : 영업배상책임보험(도급업자 특약)
- 보험계약자 : 한국건설(주)
- 피보험자 : 한국건설(주) / 연안(하도급업체)
- 보상한도액 : 1인당 1억원 / 1사고당 2억원
- 자기부담금 : 500,000원
- 보험기간 : 2022. 01. 01 ~ 2022. 12. 31

[보험금 산정 기초사항]
- 피해자명 : 박○○
- 사고일 : 2022. 05. 01
- 직업 : 정규직 근로자
- 생년월일 : 1970. 11. 11
- 후유장해 : 맥브라이드 허리척추골절 20% (영구장해)
- 입원기간 : 2022. 5. 01 ~ 2022. 11. 30
- 월현실소득 : 3,000,000원
- 시중노임단가 : 100,000원(보통인부)
- 피해자 과실률 : 20%
- 간병비 : 5,000,000원
- 치료비 : 5,000,000원
  호프만계수(편의상 가정)
  1) 사고일 ~ 치료종결일까지(7개월) : H계수 6
  2) 사고일 ~ 정년까지(76개월) : H계수 66
  3) 사고일 ~ 가동기간까지(136개월) : H계수 106
- 위자료 산정기준 : 1억
- 사고일부터 7개월 동안 입원함
- 일실퇴직금은 고려치 않음.

1. 피해자 박○○ 법률상 손해배상책임에 대하여 논하라.

🗂 하도급업체(공동 피보험자)인 연안은 안전요원과 안전시설을 충분히 갖추지 않았고 지휘, 감독하여 사용하였기 때문에 제750조와 제756조 사용자 책임을 진다. 그러므로 영업배상책임을 진다.

> 📁 **참고**
>
> **영업배상책임보험 도급업자 특약**
> 피보험자가 수행하는 도급공사 작업 또는 작업의 수행을 위하여 소유, 사용, 관리하는 시설로 인하여 생긴 사고로 타인의 신체나 재물에 손해를 입혀 법률상 배상책임을 부담함으로써 입은 손해를 보상한다.

2. 보험금을 산정하시오.

🗂 1) 치료관계비

 ① 소계 : 5,000,000원(간병비) + 5,000,000원(치료비) = 10,000,000원

 ② 과실상계 후 금액 : 10,000,000원 × (1 - 20%) = 8,000,000원

2) 일실수입

 ① 휴업손해 : 사고일로부터 입원기간(7개월)의 일실수입

  3,000,000원 × 100% × 6(H계수) = 18,000,000원

 ② 상실수익액

  (1) 치료종결일이후 부터 정년(55세)까지 일실수입

   3,000,000원 × 20%(노동능력상실률) × 60(66 - 6) = 36,000,000원

  (2) 정년이후 부터 가동기간(60세)까지 일실수입

   (100,000원 × 20일) × 20%(노동능력상실률) × 40(106 - 66) = 16,000,000원

 ③ 일실수입 합계

  (1) 소계 : 18,000,000원 + 36,000,000원 + 16,000,000원 = 70,000,000원

  (2) 과실상계 후 금액 : 70,000,000원 × (1 - 20%) = 56,000,000원

3) 위자료

 100,000,000원 × 20% × [1 - (6/10 × 20%)] = 17,600,000원

4) 손해배상금

 8,000,000원 + 56,000,000원 + 17,600,000원 = 81,600,000원

5) 지급보험금

 81,600,000원 - 500,000원(자기부담금) = 81,100,000원

주) 연안정공은 부지 내 실내농구 시설(체육시설의 설치·이용에 관한 법률이 정한 시설기준에 부합 함)을 설치하고 운영 중에 피해자 A는 2025년 6월 1일에 친구들과 농구를 하다 농구코트에서 넘어져 머리와 경추에 상해를 입었다. 사고 당시 농구 코트바닥에는 물기가 있어 미끄러운 상태이며 주)연안정공은 코트관리와 건물관리가 안돼 있었으며 미끄럼 주의 경고 문구도 없었다. 아래 조건에 따라 피해자의 적극적 손해액만 산정하시오.

[보험계약사항]
- 보험종목 : 체육시설업자배상책임보험
- 보험계약자, 피보험자 : 주) 연안정공
- 보상한도액 : 1인당 10억원
- 보험기간 : 2025. 01. 01 ~ 2025. 12. 31

[보험금 산정 기초사항]
- 성별 : 남
- 생년월일 : 19XX.00. 00
- 사고발생일 : 2025.06.01
- 직업 : B건설(정규직)
- 입사일 : 20XX. 00. 00
- 도시일용임금 : 100,000원
- 노동능력상실률 : 100% (척추손상 및 사지마비)
- 기왕치료비 : 20,000,000원
- 개호시간 : 사고 후 일 8시간 개호
- 사고일부터 정년(가동종료)까지 : 240개월(2025. 06. 01. ~ 2045. 05. 31.) / H계수 : 166
- 사고일부터 기대여명까지 : 300개월(25년) (2025. 06. 1 ~ 2050. 05. 31) / H계수 : 190 (연간 H계수 : 16)
- 월 개호비 계산시 30일 적용
- 피해자 과실 : 0%
- 향후치료비
  1) 신경외과(주사약물치료, 재활치료) : 연 30,000,000원(기대여명까지)
  2) 비뇨기과(복약, 소변 검사 및 처치) : 연 1,000,000원(기대여명까지)
  3) 성형외과(반흔성형술) : 5,000,000원(현가액)
     보조구 구입비(사고 직후 초회 필요 / 여명기간 동안 적용)
  4) 10년마다 교체(휠체어, 특수침대) : 5,000,000원
  5) 5년마다 교체(욕창방지용 용품) : 2,000,000원
  6) 매월 교체(기저귀 등) : 500,000원
- 경과년수표(계산편의상 가정) : 5년(0.8), 10년(0.6), 15년(0.55), 20년(0.5), 25년(0.45), 30년(0.4)
- 위자료 산정기준 : 1억원
- 다른 사항은 고려하지 않음

📑 1. 손해액 및 보험금 산정

  ① 적극적 손해

    1) 기왕치료비 : 20,000,000원

    2) 개호비 : 100,000원 × 30일 × 1인 × 190(H계수) = 570,000,000원

    3) 향후치료비

      (1) 신경외과 : 30,000,000원 × 16(연간 H계수) = 480,000,000원

      (2) 비뇨기과 : 1,000,000원 × 16(연간 H계수) = 16,000,000원

      (3) 성형외과 : 5,000,000원

      (4) 소계 : 480,000,000원 + 16,000,000원 + 5,000,000원 = 501,000,000원

    4) 보조구비

      (1) 10년마다 교체 : 5,000,000원 × 2.1(1+0.6+0.5) = 10,500,000원

      (2) 5년마다 교체 : 2,000,000원 × 3.45(1+0.8+0.6+0.55+0.5) = 6,900,000원

      (3) 매월 교체 : 500,000원 × 190(H계수) = 95,000,000원

      (4) 소계 : 10,500,000원 + 6,900,000원 + 95,000,000원 = 112,400,000원

      (5) 합계

        20,000,000원 + 570,000,000원 + 501,000,000 +112,400,000 = 1,203,400,000원 ≤ 보상한도액
        10억원 = 10억

03. 체육시설업자 배상책임보험 보험금 산정

주) 스카이c.c클럽은 골프장을 운영하고 있고, A는 골프장의 캐디로 일하는 주) 스카이c.c클럽 소속 계약직 직원이다. 피해자 B는 2020. 02. 16. 스카이c.c클럽 골프장에서 A가 운전하는 카트에서 떨어지는 사고를 당해 B는 요추 4, 5번 압박골절, 우측 견관절골절 및 회전근개파열의 상해를 입었다.

[보험계약사항]
- 보험종목 : 체육시설업자 배상책임보험
- 보험계약자 / 피보험자 : 주) 스카이c.c클럽
- 보상한도액 : 1인당 1억원
- 자기부담금 : 1,000,000원
- 보험기간 : 2020. 01. 12 ~ 2021. 01. 11

[보험금 산정 기초사항]
- 사고일 : 2020. 02. 16
- 피해자 직업 : 제조업 정직원
- 생년월일 : 1980. 02. 14
- 노동능력상실률

  1) 요추 압박골절 : 20%(영구)

  2) 우측견관절 강직 : 10%(영구 / 기왕증 50%)
- 입원기간 : 2020. 02. 16 ~ 2020. 08. 15
- 월현실소득 : 3,000,000원
- 시중노임단가 : 100,000원(보통인부)
- 피해자 과실 : 20%
- 호프만계수

  1) 사고일 ~ 치료종결일까지(6개월) : 5(H계수)

  2) 사고일 ~ 정년까지(60개월) : 50(H계수)

  3) 사고일 ~ 가동기간까지(96개월) : 80(H계수)
- 치료비 : 5,000,000원
- 위자료 산정기준 : 1억
- 일실퇴직금은 고려치 않음.

  노동능력상실률 계산시만 사고기여도 적용하여 산정할 것.

📖 1. 법률상 손해배상책임
- 피보험자인 주) 스카이c.c클럽 : 제756조 사용자의 책임
- 캐디가 이용자의 안전을 위하여 사고가 발생하지 않도록 최선의 주의의무를 다하지 아니한 피용자의 업무상 과실로 인하여 발생한 사고에 대하여 골프장의 운영자이자 캐디의 사용자로서 법률상 손해배상책임을 진다.
- 캐디 : 제750조 불법행위의 책임

2. 보험사의 보상책임
- 체육시설업자 배상책임보험은 피보험자가 소유, 사용, 관리하는 체육시설 및 그 시설의 용도에 따른 업무의 수행으로 생긴 우연한 사고로 인하여 타인(체육시설 이용자, 관람객 등)에게 신체장해 또는 재물손해를 입힘으로써 부담하여야 할 법률상 배상책임손해를 보상하는 의무보험이다.
- 캐디는 업무상 과실에 따른 불법행위책임을 지며, 피보험자는 캐디의 사용자로서 사용자 책임이 인정되어 보험사는 보험계약에 따른 보상책임을 진다.

3. 보험금 산정

① 치료비 : 5,000,000원 × (1-20%) = 4,000,000원

② 일실수입

1) 복합장해율

10%(견관절) × (1-50%)(사고기여도) = 5%

20%(요추) + (100%-20%) × 5%(견관절) = 24%

2) 휴업손해 : 사고일로부터 입원치료 종결기간(6개월)의 일실수입

3,000,000원 × 100% × 5(H계수) × (1-20%) = 12,000,000원

3) 상실수익액

(1) 치료종결일이후 부터 정년까지 일실수입

3,000,000원 × 24%(노동능력상실률) × 45(50-5) = 32,400,000원

(2) 정년이후부터 가동기간까지 일실수입

100,000원 × 20일 × 24%(노동능력상실률) × 30(80-50) = 14,400,000원

(3) 소계 : 32,400,000원 + 14,400,000원 = 46,800,000원

(4) 과실상계 후 상실수익액 합계 : 46,800,000원 × (1-20%) = 37,440,000원

③ 위자료

1억 × 24% × [1-(6/10 × 20%)] = 21,120,000원

④ 손해배상금

4,000,000원(치료비) + 37,440,000원(상실수입) + 21,120,000원(위자료) = 74,560,000원

⑤ 지급보험금

74,560,000원 - 1,000,000원(자기부담금) = 73,560,000원 (1억한도)

04. 일실퇴직금 산출

근로자 A는 연안정공에서 근무 중 사망하였다. 아래 조건하에 일실퇴직금을 산출하시오.

> - 성명 : 박○○
> - 생년월일 : 1972. 07. 01
> - 사고발생일(사망) : 2023. 07. 01
> - 입사일 : 2007. 07. 01
> - 정년일(55세) : 2027. 07. 01
> - 평균임금 : 100,000원
>   다른 사항은 고려하지 않음

---

1. 일실 퇴직금 산정의 기초

일실퇴직금의 산정은 특별한 규정이 없는 한 근로기준법상 평균임금을 기초로 산정하여야 한다. 평균임금의 계산에 산입되는 "그 사유가 발생한 날 이전 3개월 간에 그 근로자에 대하여 지급된 임금의 총액" 이 특별한 사유로 인하여 통상의 경우보다 현저하게 적거나 많을 경우에는 이를 그대로 평균임금 산정의 기초로 삼을 수 없다. 사고 이후 임금이 인상 조정된 경우 → 인상 조정된 임금을 기준으로 산정한다.

2. 산정방법

① 퇴직금 산정방법

1) 퇴직금 = (평균임금 × 30일) × (총 재직일수/365)

2) 평균임금 = 퇴직일이전 3개월간 받은 임금총액 / 퇴직일이전 3개월간 총 일수

② 일실퇴직금 산정방식

[(정년 시 퇴직금 × 사고 당시 현가율) - 기수령 퇴직금] × 노동능력상실률

1) 정년시 퇴직금 : 정년시 월평균임금 × 총 재직가능기간

2) 사고당시 현가율 : 1 / (1 + 0.05 × 잔여재직기간)

3) 기수령 퇴직금 : 월평균임금 × 재직기간

3. 일실퇴직금 산정

① 총 재직가능기간 20년 : 2007. 07. 01 - 2027. 07. 01

② 사고시까지 재직기간 16년 : 2007. 07. 01 ~ 2023. 07. 01

③ 잔여 재직기간 4년 : 2023. 07. 01 ~ 2027. 07. 01

④ 일실퇴직금 계산

1) 정년 시 퇴직금 : 100,000원 × 30일 × 20년 = 60,000,000원

2) 현가율 : 1 / (1 + 0.05 × 4년) = 1 / 1.2 = 0.8333...

3) 일실퇴직금 : (60,000,000원 × 0.8333) - 48,000,000원 = 50,000,000원 - 48,000,000원 = 2,000,000원

05. 의사 및 병원배상책임보험 손해액 산정

박○○는 근무 중 무거운 물건을 들다 부상을 당해 서울대병원에 입원하여 S1(천추)와 제5요추 감압술 및 유합술을 받았다. 피해자 박○○는 S1(천추)와 제5요추 감압술 및 유합술 시행 후 수술부위 및 다리와 발목에 극심한 통증을 느끼게 되었고, 수술 후 3개월 정도 지나자 제5요추 신경근의 손상 내지 기능장해로 양측 족관절 이하 근력이 약화되었다. 이에, 피해자 박○○는 인천 소재 세명병원에 외래로 내원하여 척추강조영술 및 CT검사 결과 수술부위에 경막강이 폐색된 소견이 관찰되었으며, 수술에서 삽입된 요추 제5번–천추1번의 케이지 모두 우측으로 많이 치우쳐 삽입되었음이 확인하게 되었다. 서울대병원 주치의는 이 사건 수술에 앞서 피해자에게 수술내용 및 수술 후 발생할 수 있는 합병증에 관하여 충분히 설명한 후 피해자로부터 수술에 대한 동의를 받았다.

[보험계약사항]

- 보험종목 : 의사 및 병원배상책임보험
- 보험계약자 / 피보험자 : 서울대병원
- 보상한도액 : 1사고 2억원 / 연간 총보상한도액 1사고당 10억원
- 보험기간 : 2023. 01. 01 ~ 2024. 01. 01
- 특약사항 : 소급담보일자 2021. 01. 01 / 자동보고연장기간 60일

[보험금 산정 기초사항]

- 피해자명 : 박○○
- 입사일 : 2010. 05. 01
- 사고일 : 2021. 11. 01
- 직업 : 생산직(정직원)
- 생년월일 : 1975. 05. 01
- 평균임금(실제소득) : 100,000원
- 시중노임단가 : 80,000원(보통인부)
- 책임제한비율 : 60%(피보험자의 책임)
- 입원치료기간 : 2021. 11. 01 ~ 2023. 10. 30.
- 호프만계수(가정)
  1) 사고일 ~ 산재종결일 (2021. 11. 01.~ 2023. 10. 30. 24개월) : 20H
  2) 사고일 ~ 정년(55세)까지 2021. 11. 01. ~ 2030. 04. 30. 102개월) 80H
  3) 사고일 ~ 가동기간까지(2021. 11. 01. ~ 2035. 04. 30. 162개월) 120H
- 산재보험 보상급여내역
  1) 요양급여 : 치료비 전액
  2) 휴업급여 : 51,100,000원 (100,000원 × 737일분 × 70/100)
  3) 장해급여 (일시금) : 73,700,000원 (100,000원 × 737일분 (6등급))
- 노동능력상실률
  - 양측 족관절 근력저하로 인한 장해 : 40%
  - 성기능 장해 : 20%

- 위자료 산정기준 : 1억원

  월 임금 계산 시 30일 적용
- 산재 비급여 치료비 및 향후 성형수술비 : 5,000,000원 (현가액)

  - 일실퇴직금 고려하지 않음

  - 다른 사항은 고려하지 않는다.

📋 1. 지급보험금 산정

① 산재 비급여(본인부담금) : 5,000,000원 × (1-40%) = 3,000,000원

② 일실수익

  1) 휴업손해(치료기간 일실수익)

    (1) 사고일부터 입원기간 휴업손해 2021.11.01. ~ 2023.10.30. 24개월 20H

      100,000원 × 30일 × 100% × 20(H계수)= 60,000,000원

    (2) 손익상계 : 60,000,000원 - 51,100,000원(휴업급여) = 8,900,000원

    (3) 과실상계 : 8,900,000원 × (1-40%) = 5,340,000원

  2) 치료종결 후 일실수익

    (1) 복합장해평가

      40% + (100% - 40%) × 20% = 52%

    (2) 치료종결일 이후부터 정년까지 (2021.11.01. ~ 2030. 04. 30. 102개월) 80H

      100,000원 × 30일 × 52% × 60(80-20) = 93,600,000원

    (3) 정년 이후부터 가동기간까지 (2021.11.01. ~ 2035.04.31. 162개월) 120H

      80,000원 × 20일 × 52% × 40(120-80) = 33,280,000원

    (4) 손익상계

      • 93,600,000 + 33,280,000 = 126,880,000원

      • 126,880,000원 - 73,700,000원 = 53,180,000원

    (5) 과실상계

      53,180,000원 × (1-40%) = 31,908,000원

③ 위자료

  1억 × 52% × [1-(6/10 × 40%)] = 39,520,000원

④ 지급보험금

  3,000,000원 + 5,340,000원 + 31,908,000원 + 39,520,000원 = 79,768,000원

피해자 박○○은 뇌혈관질환으로 서울요양병원에서 입원 치료 중 혼자서 화장실을 가다 넘어져 머리에 충격을 입어 외상성 뇌출혈로 치료 중 사망하였다. 당시 화장실 바닥에 물기가 있어 미끄러운 상태였지만 병원에서는 아무런 조치를 취하지 않았고 피해자 박○○을 간병하던 요양보호사는 잠시 외출을 한 상태였다. 독립책임액분담방식은 계산 산식만 구하시오.

[보험계약사항]

(1) A보험사

- 보험종목 : 의사 및 병원배상책임보험(시설소유관리자배상책임 담보)

- 보험계약자 / 피보험자 : 서울요양병원

- 보상한도액 : 1억원 / 1인당

- 자기부담금 : 100만원

(2) B보험사

- 보험종목 : 요양보호사 배상책임보험

- 보상한도액 : 5천만원 / 1인당

- 자기부담금 : 50만원

[보험금산정 기초사항]

- 피해자명 : 박○○ (80세)

- 치료비 : 10,000,000원

- 개호비 : 1,000,000원

- 기왕증 기여도 : 20%

- 피해자 과실 : 20%

- 기왕증 기여도와 피해자 과실은 전체 손해(위자료에도 적용)에 대해 참작하여 산정할 것.

- 장례비 산정기준 : 5,000,000원

- 위자료 산정기준 : 100,000,000원

- 피보험자 : 동일인

- 보험금분담 조항을 적용하여 보험금을 지급

📑 1. 법률상 손해배상책임

① 공작물책임

- 민법 제758조 (공작물의 점유자·소유자의 책임)

    공작물의 설치 또는 보존의 하자로 인하여 타인에게 손해를 가한 때에는 그 공작물의 점유자가 손해를 배상한다. 다만, 점유자가 손해의 방지에 필요한 주의를 해태하지 아니한 때에는 소유자가 그 손해를 배상하여야 한다. 서울 요양병원은 화장실 바닥에 물기가 있음에도 불구하고 미끄럼 방지 조치를 취하지 않았으므로 민법 제758조 공작물의 점유자·소유자의 책임을 진다.

② 사용자책임

    거동이 불편한 피해자 박00를 간병하던 요양보호사가 전문인으로서 피해자를 안전하게 보호하여야 할 의무를 위반한 업무상 과실이 경합하여 발생한 사고인 바, 해당 요양보호사는 민법 제390조의 채무불이행책임을 지며, 요양보호사를 고용한 서울요양병원은 민법 제756조의 사용자책임을 진다.

2. 지급보험금 산정

① 보험사의 보상책임

    서울요양병원의 피해자 유족에 대한 법률상 손해배상책임에 대해 A와 B 보험사는 피보험자와의 보험계약에 따라 보상책임을 지며, 배상책임보험약관의 독립책임액 분담방식에 따라 보험금을 분담한다.

② 손해액 산정

1) 치료비

    10,000,000원 × (1-20%)(기왕증상계) × (1-20%)(과실상계) = 6,400,000원

2) 개호비

    1,000,000원 × (1-20%)(기왕증상계) × (1-20%)(과실상계) = 640,000원

3) 장례비

    5,000,000원 × (1-20%)(기왕증상계) × (1-20%)(과실상계) = 3,200,000원

4) 위자료

    (1) 100,000,000원 × (1-20%)(기왕증상계) × [(1-(6/10 × 20%)](과실상계) = 70,400,000원

5) 합계 : 6,400,000원 + 640,000원 + 3,200,000원 + 70,400,000원 = 80,640,000원

    → 편의상 81,000,000원

③ 분담 보험금 산정(80,640,000원 → 편의상 81,000,000원으로 계산)

1) 각 보험사의 독립책임액

    (1) A보험사 독립책임액 : 81,000,000원 – 1,000,000원 = 80,000,000원

    (2) B보험사 독립책임액 : 50,000,000원

2) A보험사 분담액 : 49,846,153원

$$81,000,000원 \times \frac{80,000,000원}{80,000,000원 + 50,000,000원} = 49,846,153원$$

3) B보험사 분담액 : 31,153,846원

$$81,000,000원 \times \frac{50,000,000원}{80,000,000원 + 50,000,000원} = 31,153,846원$$

서울요양병원에 원인미상의 화재가 발생하여 요양 중이던 환자 A(부상치료 중 사망)와 B가 부상을 입고, 직원 C(부상치료 중 사망)가 사망을 하였다. 직원 C는 생계를 같이하는 사실혼 배우자와 혼인관계에서 출생한 자녀가 1명 있었다. 사고원인은 미상이나 사고 당시 스프링클러가 작동되지 않아 화재사고로 인한 피해자들의 손해가 발생되었다. 서울요양병원은 특수건물에 해당되며 건물의 소유자로서 아래와 같이 특약부 화재보험에 의무 가입하였고 의사 및 병원배상책임보험에 임의 가입되었다.

다음 조건 하에 피보험자의 법률상 책임 및 각 보험사의 보상책임을 검토하고 지급보험금을 산정하시오.

[보험계약사항]

(1) 갑 보험사 : 특약부 화재보험 / 종업원배상책임 부담보 추가특별약관

(2) 을 보험사 : 의사 및 병원 배상책임보험

 - 의료배상책임 담보 : 보상한도액 1억 / 1인당

 - 시설소유관리자배상책임 담보 : 보상한도액 1억 / 1인당

 - 고용주배상책임 특별약관 : 보상한도액 1억 / 1인당

[보험금산정 기초사항]

① 피해자 A : 화상으로 인한 패혈증 치료 중 사망

 - 치료비 : 2천만원

 - 평균임금 : 100,000원(월현실소득 3,000,000원)

 - 사고일 ~ 입원치료기간(사망) : 2개월(H계수 : 1)

 - 사고일 ~ 취업가능기간(정년) : 22개월(H계수 : 21)

 - 피해자 과실 : 0%

 - 상해등급 : 1급

② 피해자 B : 전신 2도 화상 치료 후 후유장해

 - 치료비 : 1천만원

 - 평균임금 : 100,000원(월현실소득 3,000,000원)

 - 사고일 ~ 입원치료기간(치료종료) : 10개월(H계수 : 8)

 - 사고일 ~ 취업가능기간(정년) : 50개월(H계수 : 44)

 - 노동능력상실률 : 10%

 - 피해자 과실 : 0%

 - 부상등급 및 보험금액 : 7급 5,000,000원

 - 후유장해등급 및 보험금액 : 14급 10,000,000원

③ 직원 C : 화상으로 인한 패혈증 치료 중 사망
  - 치료비 : 3천만원
  - 평균임금 : 100,000원(월현실소득 3,000,000원)
  - 사고일 ~ 입원치료기간(사망) : 6개월(H계수 : 5)
  - 사고일 ~ 취업가능기간(정년) : 90개월(H계수 : 85)
  - 피해자 과실 : 0%
  - 상해등급 : 1급
  - 산재보험 보상급여내역
    1) 요양급여 : 전액
    2) 휴업급여 : 18,000,000원
    3) 유족급여 : 130,000,000원
    4) 장의비 : 12,000,000원
  - 위자료 산정기준 : 1억원
  - 다른 사항은 고려하지 않음

1. "갑" 보험회사의 보상책임

① 특약부 화재보험은 그 건물의 화재로 인하여 타인이 사망하거나 부상당한 경우 또는 타인의 재물에 손해가 발생한 경우에는 무과실책임을 진다. 다만, 피보험자의 종업원이 산재보험에 가입되어 있고 '건물소유자의 종업원배상책임 부담보 추가특별약관' 을 추가 가입되어 있을 경우 종업원이 사망하거나 부상함으로써 손해는 보상하지 아니한다.

  • 피해자 A : 보상
  • 피해자 B : 보상
  • 직원 C : 면책

② 신체손해배상책임담보 특약의 보험금액 한도

  • 사망 : 1억 5천
  • 부상 및 후유장해(등급별 보상) : 1급 ~ 14등급
  • 부상 최고 금액 : 3,000만원
  • 후유장해 최고 금액 : 1억 5천
    1) 사망 : 1억 5천만원 (손해액이 2천만원 미만인 경우에는 2천만원)

    사망 손해액 = (월현실소득액 × 취업가능기간) + (남자 평균임금 x 100일분)

    2) 부상 : 1급 3,000만원 ~ 14급 50만원 (부상등급별 한도로 손해액)

    부상 손해액 : 화재로 인하여 신체에 부상을 입은 경우에 그 부상을 치료하는 데에 드는 모든 비용. 즉, 치료관계비만 지급 휴업손해 보상하지 않는다.

    3) 후유장해 : 1급 1억 5천만원 ~ 14급 1,000만원 (후유장해등급별 한도로 손해액)

    후유장해 손해액 = 월현실소득액 × 노동능력상실률 × 취업가능기간

4) 보험금의 병급

　　가. 부상자가 치료 중에 사망한 경우에는 1)항 및 2)항의 보험금을 함께 지급

　　나. 부상한 자에게 후유장해가 생긴 경우에는 2)항 및 3)항의 금액을 함께 지급

　　다. 3)항의 금액을 지급한 후 부상이 원인이 되어 사망한 경우에는 1)항의 금액에서 3)항의 규정에 의하여 지급한 금액을 공제하고 지급.

③ 보험금 산출 특징

　1) 과실상계를 적용하지 아니한다.

　2) 취업가능월수에 대한 중간이자공제를 적용하지 아니한다.

　3) 사망사고 상실수익 산정 시 생계비 공제를 하지 않는다.

　4) 위자료는 지급하지 아니한다.

2. "을" 보험사의 보상책임

① 법률상 책임

서울요양병원은 화재로 인한 손해에 대비한 스프링클러를 설치하지 않은 상태이기 때문에 민법 제758조에 따라 공작물의 설치 및 보존상의 하자로 인한 타인의 손해에 대해 공작물 소유자로서 손해배상책임을 진다. 또한, 서울요양병원은 환자 및 근로자의 생명, 신체, 건강을 해치는 일이 없도록 인적 · 물적 환경을 정비하는 등 필요한 조치를 강구할 보호의무(안전배려의무)를 부담하고, 이러한 보호의무를 위반함으로써 이번 화재사고로 인한 환자 및 근로자의 손해가 발생하였으므로 민법 제 390조의 채무불이행에 따른 손해배상책임을 진다.

② 보험사의 보상책임

　1) 시설소유관리자배상책임 담보

　　• 피보험자가 소유, 사용, 관리하는 시설 및 그 시설의 용도에 따른 업무의 수행으로 생긴 우연한 사고로 인하여 타인의 신체에 장해를 입히거나 타인의 재물을 파손하여 법률상 배상책임을 부담함으로써 입은 손해를 보상하는 보험이다.

　　• 서울요양병원의 공작물소유자로서의 시설의 하자로 인하여 발생한 법률상 손해배상책임에 대해 보험사는 피보험자와의 보험계약에 따른 보상책임을 진다. 다만, 피보험자의 근로자가 피보험자의 업무에 종사 중 입은 신체장해에 대한 배상책임은 보상하지 않는다.

　2) 보험금 분담

　　피보험자의 보험계약이 의무보험이 아니고 다른 의무보험이 있는 경우에는 다른 의무보험이 보상하는 금액 (피보험자가 가입하지 않은 경우에는 보상될 것으로 추정되는 금액)을 차감한 금액을 손해액으로 간주하여 보상할 금액을 결정한다. 즉, 의무보험에서 보상하는 금액의 초과액만을 보상한다.

　3) 고용주배상책임 특별약관

　　사용자의 과실로 근로자가 업무상 재해를 입은 경우 사용자가 산재 보험법상의 재해보상책임을 초과하여 부담하게 되는 민사상 손해배상책임을 담보하는 보험이다.

3. "갑" 보험회사의 지급보험금 산정

  ① 피해자 A(치료 중 사망)

    1) 부상 손해액 : 20,000,000원(치료비)

    2) 사망 손해액

      (1) 일실수입 : 3,000,000원(월현실소득액) × 20개월(22 - 2, 취업가능기간) = 60,000,000원

      (2) 장례비 : 100,000원(평균임금) × 100일분 = 10,000,000원

      (3) 소계 : 60,000,000원 + 10,000,000원 = 70,000,000원

    3) 지급보험금 : 20,000,000원(부상) + 70,000,000원(사망) = 90,000,000원

  ② 피해자 B (치료 후 후유장해)

    1) 부상 손해액 : 10,000,000원(치료비)≦ 5,000,000원(상해 7급 한도)

    2) 후유장해 손해액

      3,000,000원(월현실소득액) × 10% × 40개월(50 - 10, 취업가능기간) = 12,000,000원 ≦ 14급 10,000,000원

    3) 지급보험금

      5,000,000원 + 10,000,000원 = 15,000,000원

  ③ 직원 C(치료중 사망) : 부담보

4. "을" 보험회사의 지급보험금 산정

  ① 시설소유관리자배상책임 담보

    1) 피해자 A

      (1) 치료비 : 20,000,000원 - 20,000,000원(A보험) = 0원

      (2) 휴업손해 : 3,000,000원 × 100% × 1(H계수) = 3,000,000원

      (3) 상실수익액

        가. 산정 : 3,000,000원 × 2/3 × 20(21 - 1) = 40,000,000원

        나. 손익상계 : 40,000,000원 - 60,000,000원(A보험) = 0원

      (4) 장례비 : 5,000,000원 - 10,000,000원(A보험) = 0원

      (5) 위자료 : 1억원

      (6) 합계 : 0원 + 3,000,000원 + 0원 + 0원 + 1억원 = 103,000,000원

      (7) 지급보험금 : 1억원(보상한도액)

    2) 피해자 B

      (1) 치료비 : 10,000,000원 - 5,000,000원(A보험) = 5,000,000원

      (2) 휴업손해 : 3,000,000원 × 100% × 8(H계수) = 24,000,000원

      (3) 상실수익액

        가. 산정 : 3,000,000원 × 10% × 36(44 - 8) = 10,800,000원

        나. 손익상계 : 10,800,000원 - 10,000,000원(A보험) = 800,000원

      (4) 위자료 : 1억원 × 10% = 10,000,000원

      (5) 지급보험금 : 5,000,000원 + 24,000,000원 + 800,000원 + 10,000,000원 = 39,800,000원

    3) 직원 C : 부담보

② 고용주배상책임 특별약관(직원C)

1) 치료비 : 30,000,000원 − 전액(요양급여) = 0원

2) 휴업손해

　가. 산정 : 3,000,000원 × 100% × 5(H계수) = 15,000,000원

　나. 손익상계 : 15,000,000원 − 18,000,000원 = 0원

3) 상실수익액 : 3,000,000원 × 2/3 × 80(85−5) = 160,000,000원 (유족급여를 받은 배우자는 손익상계 대상이 아님)

> 📁 **참고**
>
> 산재보험의 상속순위는 민법과 달리, 근로자 사망 시 유족급여 수급권자를 정하는 순위로, ① 배우자, ② 자녀, ③ 부모, ④ 손자녀, ⑤ 조부모 순이며, 각 순위자들은 재해자 사망 당시 생계를 같이 하던 사람이다. 최초 수급권자가 사망하면 같은 순위자나 다음 순위자에게 수급권이 넘어간다.

4) 장례비 : 5,000,000원 − 12,000,000원 = 0원

5) 위자료 : 1억원

6) 합계 : 160,000,000원 + 1억원 = 260,000,000원 ≤ 1억원(보상한도액)

7) 지급보험금 : 1억원

08. 재해보상책임 특약과 도급업자 및 건설기계업자 특약

타워크레인 운전사 박○○는 (주)서울건설 정직원으로 근무 중 2023. 4. 1. 안전관리직원이 없는 상태에서 (주)서울건설의 요구에 따라 공사현장에서 H빔 형강을 상층부로 이동작업 중 부주의로 상층부 비계와 부딪쳐 H빔 형강이 낙하하여 (주)서울건설의 하도급작업을 하던 (주) 서울건설의 수급인인 서울설비의 근로자 김○○는 사망하고 박○○는 상해를 입었다. 박○○는 산재보험 적용 대상자인 특수형태근로종사자로서 (주) 서울건설은 산재보험 대신에 근재보험을 가입하였으며, 박○○는 영업배상책임보험 건설기계업자 특약을 가입하였다.

[보험계약사항]
(1) (주) 서울건설
- A보험사 : 근로자재해보장책임보험
    - 재해보상책임 특별약관 / 재해보상확장 추가특별약관
- B보험사 : 영업배상책임보험
    - 도급업자 특별약관 : 보상한도액 1억(1인당) / 자기부담금 500만원
(2) 박○○
- C보험사 : 영업배상책임보험
    - 건설기계업자 특별약관 : 보상한도액 1억(1인당) / 자기부담금 1천만원

[보험금산정 기초사항]
① 박○○
- 평균임금 : 100,000원
- 요양기간 : 100일
- 치료관계비(현가액)
    치료비 2,000만원, 간병료 2,000만원, 보조구비 1,000만원, 향후 성형수술비 500만원
- 산재 장해등급 : 11급(220일분)
② 김○○
- 생년월일 : 1969. 04. 01
- 근로계약기간 : 6개월(2023. 03. 01 ~ 2023. 8. 31)
- 평균임금(실제소득) : 100,000원
- 시중노임단가 : 120,000원
- 호프만계수
    1) 사고일 ~ 근로계약까지 (2023. 04. 01 ~ 2023. 08. 31 : 5개월) : 5(H계수)
    2) 사고일 ~ 가동종료까지 (2023. 04. 01 ~ 2034. 03. 31 : 132개월) : 105(H계수)
- 산재보험 보상급여내역
    1) 유족급여 : 100,000원 × 1,300일분 = 130,000,000원
    2) 장의비 : 100,000원 × 120일분 = 12,000,000원
- 위자료 산정기준 : 1억원
- 피해자 과실 : 20%
    유족 : 생계를 같이하고 있지 아니하던 성년 아들
           생계를 같이하고 있던 모

1) 특수형태근로종사자에 대해 약술하시오.

2) 보험자의 보상책임 및 피해자별 지급보험금을 산정하시오.

📋 1. 특수형태근로종사자

① 의의

[배상책임보험]

계약의 형식에 관계없이 근로자와 유사한 노무를 제공함에도 근로기준법이 적용되지 아니하여 업무상의 재해로부터 보호할 필요가 있는 자로서, 아래 요건을 모두 충족하는 자 중 대통령령으로 정하는 직종에 종사하는 자의 노무를 제공받는 사업은 산재보험을 특례로 적용한다. (산재보험료는 사업주와 종사자가 절반씩 부담한다. 단, 종사자가 원치 않을 시 적용제외를 신청할 수 있다.)

② 요건

1) 주로 하나의 사업에 그 운영에 필요한 노무를 상시적으로 제공하고 보수를 받아 생활할 것

2) 노무를 제공함에 있어서 타인을 사용하지 아니할 것

③ 특례적용 근로종사자 적용대상

1) 보험 또는 공제를 모집하는 자로 다음의 어느 하나에 해당하는 자

(1) 보험업법에 따른 보험설계사

(2) 우체국예금보험에 관한 법률에 따른 우체국보험의 모집을 전업으로 하는 자

2) 건설기계 운전사

건설기계관리법 제3조 1항에 따라 등록된 건설기계를 직접 운전하는 사람과

3) 학습지 교사

통계법에 따라 통계청장이 고시하는 한국표준직업분류상 세분류(25451)에 따른 학습지교사

4) 골프장 캐디

체육시설의 설치·이용에 관한 법률 제19조에 따라 체육시설업의 등록을 한 골프장에서 골프경기를 보조하는 골프장 캐디

5) 택배기사

통계법에 따라 통계청장이 고시하는 한국표준직업분류상 세분류에 따른 택배원인 사람으로 택배사업(소화물을 집화, 수송 과정을 거쳐 배송하는 사업을 말한다.)에서 집하 또는 배송업무를 하는 사람

6) 전속 퀵서비스기사

통계법에 따라 통계청장이 고시하는 한국표준직업분류상 세분류에 따른 택배원인 사람으로 고용노동부장관이 정하는 기준에 따라 주로 하나의 퀵서비스업자로부터 업무를 의뢰받아 배송업무를 하는 사람 (다만, 산재보험법에 따른 중소기업 사업주에 해당하는 사람은 제외)

7) 대출모집인

'대부업 등의 등록 및 금융이용자 보호에 관한 법률' 제3조 제1항 단서에 따른 대출모집인

8) 신용카드회원모집인

'여신전문금융업법' 제14조의2 제1항 제2호에 따른 신용카드회원 모집인

9) 전속 대리운전기사

고용노동부장관이 정하는 기준에 따라 주로 하나의 대리운전업자로부터 업무를 의뢰받아 대리운전 업무를 하는 사람

2. 법률상 손해배상책임
  • 박○○ : 본인의 부주의로 인하여 사고가 발생하였으므로 김○○에 대해 민법 제750조의 일반불법행위책임을 진다. (주)서울건설은 타워크레인 운전사의 박○○을 현장에서 지휘 · 감독을 하는 사용자의 지위에 있었으므로 선임 · 감독상의 과실에 따른 민법 제756조의 사용자책임을 진다.

3. 보험자의 보상책임
  ① A 보험사(근재보험 재해보상책임 및 재해보상확장 추가 특별약관)
     특수형태근로종사자로서 산재보험적용 대상자인 박○○는 산재보험 적용 제외를 신청하여 사업주인 (주)서울건설이 동 특약에 가입하였는 바, 박○○의 업무상 재해에 대해 동 특약의 약관상 재해보상기준에 따라 보험자는 보상책임이 있다.
  ② B보험사(영업배상책임보험 도급업자 특별약관)
     피보험자인 (주)서울건설은 가해자인 박○○의 일반불법행위책임에 대해 선임 · 감독상의 과실에 따른 사용자책임을 부담하나, 약관상 "피보험자의 수급인의 근로자가 피보험자의 하도급작업에 종사 중 입은 신체장해에 대한 손해배상책임" 은 면책손해에 해당되어 보험자는 김○○에 대해 보험계약에 따라 보상책임이 없다.
  ③ C 보험사(영업배상책임보험 건설기계업자 특별약관)
     피보험자(건설기계업자)가 소유, 사용, 관리하는 중장비 및 중기의 용도에 따른 업무의 수행으로 생긴 우연한 사고로 인하여 타인의 신체나 재물에 대한 법률상배상책임을 부담함으로써 입은 손해를 보상하는 보험이다. 따라서 피보험자인 박○○의 김○○에 대한 일반불법행위책임(민법750조)에 대해 보험자는 보험계약에 따라 보상책임이 있다.

4. 근로복지공단의 구상권 및 C보험사의 보상범위
  • 근로복지공단은 제3자의 행위에 따른 재해로 보험급여를 지급한 경우에는 그 급여액의 한도 안에서 급여를 받은 자의 제3자에 대한 손해배상청구권을 대위한다.
  • 김○○에 대한 산재보험급여를 보상한 근로복지공단은 이 건 사고에서 제3자에 해당하는 C보험사에 대해 피해자의 직접청구권(피해인 손해배상청구권을 대위하여 행사). 즉, 산재보험 급여를 보상받은 김○○에 대해 C보험사는 산재보험급여 초과손해에 대하여만 보상책임을 진다.

5. 상속후 공제
  • 타인의 행위로 인하여 재해가 발생하여 근로자가 사망한 경우 당해 근로자가 가해자에 대하여 가지는 손해배상채권은 그 상속인들에게 공동으로 상속된다. 한편, 그 재해가 업무상의 재해에 해당하는 경우에는 산재보험법에 따라 그와 생계를 같이하고 있던 배우자(사실혼 배우자 포함) · 자녀 · 부모 · 손자녀 · 조부모 또는 형제자매 순서로 유족 중 수급권자는 근로복지공단으로부터 유족급여를 지급받게 된다.
  • 산재보험법 제80조 제2항에 "수급권자가 동일한 사유에 대하여 이 법에 의한 보험급여를 받은 경우에는 보험가입자는 그 금액의 한도 안에서 민법 또는 기타 법령에 의한 손해배상 의무가 면제된다." 고 규정하고 있다.
  • 근로자가 업무상 재해로 인하여 사망함에 따라 공단이 산재보험법에 의한 유족급여를 수급권자에게 지급하였다 하더라도, 수급권자가 아닌 망인의 공동상속인들이 상속한 손해배상채권과 그 유족급여의 수급권은 그 귀속 주체가 서로 상이하여 위와 같은 상호보완적 관계를 인정할 수 없으므로, 수급권자에 대한 유족급여의 지급으로써 그 수급권자가 아닌 다른 공동상속인들에 대한 손해배상책임까지 위 조항에 의하여 당연히 소멸된다고 할 수는 없다.

- 근로자가 업무상 재해로 인하여 사망함에 따라 발생되는 망인의 일실수익 상당 손해배상채권은 모두가 그 공동상속인들에게 각자의 상속분 비율에 따라 공동상속되고, 공단이 산재보험법에 의하여 수급권자에게 지급하는 유족급여는 당해 수급권자가 상속한 일실수익 상당 손해배상 채권을 한도로 하여 그 손해배상채권에서만 공제하는 것으로 해석(상속후 공제설)하여야 할 것이고, 이와 달리 망인의 일실수입 상당 손해배상채권에서 유족급여를 먼저 공제한 후 그 나머지 손해배상채권을 공동상속인들이 각자의 상속분 비율에 따라 공동상속하는 것으로 해석(공제 후 상속설)할 것은 아니라 할 것이다.
- 결론적으로 과거 대법원 판결은 공제 후 상속설을 취하였으나, 대법원 전원합의체 판결(2009.5.21. 선고 2008다13104)은 상속후 공제설을 취함으로써 기존 판결을 변경시켰다.
- 사안의 경우 생계를 같이하고 있던 모가 유족급여 수급권자에 해당된다.

6. 보험금 산정

① 박○○

1) 요양보상(재해보상책임 특약)

 2,000만원(치료비) + 2,000만원(간병료) + 1,000만원(보조구비) = 5,000만원

2) 휴업보상(재해보상확장 추가특약)

 100,000원 × 100일(휴업일수) × 70/100 = 7,000,000원

3) 장해보상(재해보상확장 추가특약)

 100,000원 × 220일(11급) = 22,000,000원

4) A 보험사 지급보험금

 50,000,000원 + 7,000,000원 + 22,000,000원 = 79,000,000원

② 김○○

1) 장례비

 (1) 산정 : 5,000,000

 (2) 손익상계 : 5,000,000원 - 12,000,000원(장의비) = 0원

 (3) 과실상계 : 0

2) 상실수익액

 (1) 사망 ~ 근로계약기간까지

  (100,000원 × 30일) × 2/3 × 5(H계수) × (1-20%) = 8,000,000원

 (2) 근로계약기간 이후 ~ 가동종료일 까지

  (120,000원 × 20일) × 2/3 × 100(105-5) × (1-20%) = 128,000,000원

 (3) 합계 : 8,000,000원 + 128,000,000원 = 136,000,000원

 (4) 손익상계(유족급여 130,000,000원 : 생계를 같이하고 있던 모에게 전액보상)

  손익상계 후 과실상계가 이뤄지나, 유족급여 수급권자가 사망한 근로자의 '모'이므로 '자녀'인 김○○의 상실수익에서는 공제 대상이 아니므로 손익상계가 0원이다.

3) 위자료 : 1억원 × [1-(6/10 × 20%)] = 88,000,000원

4) 합계 : 0원 + 136,000,000원 + 88,000,000원 = 224,000,000원

5) C 보험사 지급보험금 : 224,000,000원 - 10,000,000원(자기부담금) = 214,000,000원 ≤ 보상한도액 100,000,000원 지급

가스시설 시공업자인 ㈜서울설비는 서울빌딩관리사무소에서 도급을 받아 가스배관 및 설비 교체공사를 하였다. 2023. 7. 1. (주)서울설비 직원 박○○는 가스 배관작업 중 부주의로 가스폭발사고가 발생하여 박○○이 현장에서 사망하고, 현장에서 감독 중이던 서울빌딩관리사무소의 정직원 김○○이 상해를 입었다. 사망한 박○○의 유족으로 생계를 같이하고 있던 아들이 있고, 이혼 후 전처와 함께 살고 있던 딸은 생계를 같이하지 않았다. 사고 원인은 (주)서울설비에서 직원에게 안전장비를 제공 및 안전작업교육을 실시하지 않았으며, 서울빌딩관리사무소는 작업현장이 안전하지 않은 상태임을 알고서도 공사현장에 직원을 투입하여 감독하도록 하여 김○○의 피해가 유발된 책임이 인정되었다. 김○○의 손해에 대한 공동불법행위자 내부관계에서 박○○ 및 (주)서울설비의 책임비율은 70%, 서울빌딩관리사무소의 책임비율은 30%로 결정되었다.

[보험계약사항]

(1) (주)서울설비

- A 보험사 : 가스사고 배상책임보험
- B 보험사 : 영업배상책임보험 / 도급업자 특약, 발주자미필적배상책임 특약
  (자기부담금 : 100만원 / 보상한도액 : 1인당 1억원)
- C 보험사 : 근재보험 사용자배상책임 특별약관 (보상한도액 : 1인당 2억원)

(2) 서울빌딩관리사무소

- C 보험사 : 근재보험 사용자배상책임 특별약관 (보상한도액 : 1인당 1억원)

[보험금산정 기초사항]

① 박○○

- 실제임금 : 평균임금100,000원(월 3,000,000원)
- 시중노임단가 : 120,000원
- 사고일 ~ 근로계약종료 : 22개월(H계수 : 20)
- 사고일 ~ 가동종료 : 140개월(H계수 : 110)
- 산재보험 보상급여내역
  1) 유족급여 : 130,000,000원
  2) 장의비 : 10,000,000원
- 피해자 과실 : 30%

② 김○○

- 치료비 : 3천만원
- 배상책임보험
    - 실제임금 : 100,000원(월 3,000,000원)
    - 시중노임단가 : 120,000원
    - 사고일 ~ 치료(입원)종료(근로계약종료) : 12개월(H계수 : 10)
    - 사고일 ~ 가동종료 : 300개월(H계수 : 260)
    - 노동능력상실률 : 30%
    - 산재보험 보상급여내역
        1) 요양급여 : 치료비 전액
        2) 휴업급여 : 30,000,000원
        3) 장해급여 : 50,000,000원
- 피해자 과실 : 20%
- 가스배상책임보험 : 부상 1급, 후유장해 1급
    ※ 위자료 산정기준 1억원, 월 일수 계산시 30일, 일실퇴직금은 고려치 않음.

상기의 조건에 따라 다음 사항에 답하시오.

1) 피보험자의 법률상 책임, 각 보험회사의 보험계약에 따른 담보별 보상책임, 보상범위 및 근로복지공단의 구상권 행사 여부를 검토하시오.

2) A, B, C 보험회사의 담보계약에 따른 최종 지급보험금을 산정하시오.

답 1. 법률상 손해배상책임

① 박○○ 및 ㈜서울설비

박○○은 본인의 부주의로 인하여 이 건 사고가 발생하였으므로 김○○에 대해 민법 제750조의 일반불법행위책임을 지고 ㈜서울설비는 박○○의 사용자로서 김○○에 대해 피용자의 선임·감독상 과실에 따른 민법 제756조의 사용자책임이 있다. 또한, 근로자와 사이에 체결한 근로계약에 따른 신의칙상 부수적 의무로서 근로자에 대하여 보호의무를 부담하는 바, 안전한 작업여건을 제공하지 아니한 안전배려의무를 위반하여 근로자 박○○에게 업무상 재해가 발생하였으므로 ㈜서울설비는 박○○에 대해 재해보상책임 및 민법 제390조의 채무불이행책임(계약책임)이 있다.

② 서울빌딩관리사무소

안전배려의무를 위반하여 근로자에게 업무상 재해가 발생하였기 때문에 김○○에 대해 재해보상책임 및 민법 제390조의 채무불이행책임(계약책임)이 있다.

2. 보험자의 보상책임

　① A 보험사(가스사고 배상책임보험)

　　가스사고 배상책임보험은 가스사업자, 용기 등 제조업자, 가스시설 시공업자 및 일정규모 이상의 가스사용자가 가입하여야 하는 의무보험으로 각종 가스사고로 인하여 타인의 신체나 재물에 피해를 입혀 법률상 배상책임을 부담함으로써 입은 손해를 보상하는 보험이다. 가스시설 시공업자로서 피보험자인 ㈜서울설비는 가해자인 박○○의 일반불법행위책임에 대해 피용자의 선임·감독상의 과실에 따른 사용자 책임을 부담하므로 김○○에 대해 보험자는 보험계약에 따른 보상책임이 있다.

　② B 보험사(도급업자 특약 및 발주자미필적 배상책임 특약)

　　1) 도급업자 특약

　　　(1) 담보위험

　　　　피보험자가 수행하는 증권에 기재된 작업 또는 작업의 수행을 위하여 소유, 사용, 관리하는 시설로 인하여 발생한 사고로 타인의 신체 및 재물에 입힌 법률상 배상책임손해를 보상하는 보험이다.

　　　(2) 면책손해

　　　　가. 피보험자의 근로자가 피보험자의 업무에 종사 중 입은 신체장해에 대한 배상책임

　　　　나. 피보험자의 수급인의 근로자가 피보험자의 하도급 작업에 종사 중 입은 신체장해에 대한 손해배상책임

　　　　다. 피보험자가 수행하는 공사가 전체 공사의 일부일 경우 그 전체 공사에 참여하고 있는 모든 근로자에게 입힌 신체장해에 대한 손해배상책임

　　　(3) 보상책임

　　　　• 피보험자인 ㈜서울설비는 가해자인 박○○의 일반불법행위책임에 대해 피용자의 선임·감독상의 과실에 따른 사용자책임을 부담한다.

　　　　• 위 사항의 경우 피보험자(도급업자: (주)서울설비)의 도급인의 근로자에 대한 배상책임이며, 피보험자가 수행하는 공사가 전체 공사의 일부에 해당되지 아니하므로 상기 면책 손해에 해당하지 아니한다. 따라서 서울빌딩관리사무소의 근로자인 김○○에 대해 보험자는 보험계약에 따른 보상책임이 있다.

　　2) 발주자미필적 배상책임 특약

　　　• 피보험자(도급인 : 서울빌딩관리사무소)의 도급업자가 증권에 기재된 작업의 수행 또는 그에 대한 피보험자의 감독 부주의로 생긴 우연한 사고로 타인의 신체 및 재물에 입힌 법률상 배상책임 손해를 보상하는 특별약관이다.

　　　• 피보험자 또는 피보험자의 수급인의 근로자가 피보험자 또는 수급인의 하도급 작업에 종사 중 입은 신체장해에 대한 손해배상책임은 보상하지 않는다. 따라서 김○○ 및 박○○에 대해 보험자는 보험계약에 따른 보상책임이 없다.

　③ C보험사(근재보험 사용자배상책임 특약)

　　• 근재보험 사용자배상책임 특약(EL)은 근로자가 업무상의 재해를 입은 경우 사용자가 산재보험법상의 재해보상책임을 초과하여 부담하게 되는 민법상 손해배상책임을 담보하는 보험이다.

　　• ㈜ 서울설비는 박○○, 서울빌딩관리사무소는 김○○에게 각각 근로자에 대한 안전배려의무위반에 따른 법률상 손해배상책임이 있으므로 보험자는 보험계약에 따른 보상책임이 있다.

3. 근로복지공단의 구상권

① ㈜ 서울설비에 대한 구상권

- 근로복지공단은 제3자의 행위에 따른 재해로 보험급여를 지급한 경우에는 그 급여액의 한도 안에서 급여를 받은 자의 제3자에 대한 손해배상청구권을 대위한다. 다만, 보험가입자인 2 이상의 사업주가 같은 장소에서 하나의 사업을 분할하여 각각 행하다가 그 중 사업주를 달리하는 근로자의 행위로 재해가 발생하면 구상권을 행사할 수 없다(산재보험법 제87조 : 제3자에 대한 구상권).
- 사안의 경우는 위 단서조항에 해당되지 않으므로 근로복지공단은 김○○의 재해보상금에 대해 제3자에 해당하는 ㈜서울설비에 구상권을 행사할 수 있다.

② A, B 보험회사에 대한 구상권

근로복지공단은 (주)서울설비와 책임보험계약을 체결한 A, B 보험사는 산재보험법 제87조 제1 항에서 정한 제3자에 포함된다고 할 것이므로 근로복지공단은 A, B 보험사에 대해 김○○의 손해배상청구권을 대위하는 바, 근로복지공단은 산재보험급여에 대해 공동불법 행위자 내부관계의 책임분담비율인 70%(박○○ 및 ㈜서울설비 책임)에 대해 각 보험사의 보험가입금액 한도 내에서 구상권을 행사할 수 있다.

4. 보험사의 보상범위

① 다수보험 및 중복보험

김○○의 손해에 대해 공동불법행위자로서 부진정연대채무관계인 ㈜서울설비와 서울빌딩관리사무소를 각각 피보험자로 하는 다수 보험계약이 체결되어 있는 바, 각 피보험자의 책임 분담비율(70% : 30%)에 따라 산정된 금액이 이 건 사고에 대한 A, B 보험사 및 C 보험사의 보상 책임액이 된다. 또한, ㈜서울설비가 중복보험계약이 체결되어 있는 바, 의무보험인 A 보험사에서 우선보상 후, 임의보험임 B 보험사에서 그 초과손해액을 보상한도액 내에서 보상한다.

② A, B 보험사

서울빌딩관리사무소의 근로자인 김○○에 대한 산재보험급여를 보상한 근로복지공단은 이 건 사고에서 제3자에 해당하는 A, B 보험사에 대해 피해자의 직접청구권. 즉, 김○○의 손해배상청구권을 대위하여 행사하므로, 산재보험급여를 보상받은 김○○에 대해 A, B 보험사는 산재보험급여 초과손해에 대하여만 보상책임을 진다.

③ C 보험사

박○○과 김○○에 대해 근재보험 사용자배상책임 특약은 산재보험급여 초과손해에 대하여만 보상책임을 진다.

5. 산재보험 초과 손해액 산정

① 박○○

1) 장례비

(1) 산정 : 5,000,000

(2) 손익상계 : 5,000,000원 - 10,000,000원(장의비) = 0원

2) 상실수익액

(1) 사망 ~ 근로계약기간까지

(100,000원 × 30일) × 2/3 × 20 = 40,000,000원

(2) 근로계약기간 이후 ~ 가동종료일까지

(120,000원 × 20일) × 2/3 × 90(110 - 20) = 144,000,000원

(3) 소계 : 40,000,000원 + 144,000,000원 = 184,000,000원

(4) 손익상계 : 92,000,000원(아들 상속지분 184,000,000원의 1/2) - 130,000,000원 = 0원

(5) 과실상계 : 92,000,000 × (1 - 30%) = 64,400,000원

(6) 합계 : 0원(아들) + 64,400,000원(딸)

아들, 딸의 상속지분은 각각 1/2이며, 유족급여(130,000,000원) 수급권자는 생계를 같이하고 있던 아들이므로 상속권자인 딸과는 손익상계 대상이 아니다.

3) 위자료 : 1억원 × [1-(6/10 × 30%)] = 82,000,000원

4) 합계 : 0원 + 64,400,000원 + 82,000,000원 = 146,400,000원

② 김○○

1) 치료비 : [30,000,000원 × (1-20%)] - 전액(요양급여) = 0원

2) 휴업손해

(1) 산정 : (100,000원 × 30일) × 100% × 10(H계수) = 30,000,000원

(2) 손익상계 : 30,000,000원 - 30,000,000원(휴업급여) = 0원

(3) 과실상계 : 0원

3) 상실수익액

(1) 산정 : (120,000원 × 20일) × 30% × 250(260-10) = 180,000,000원

(2) 손익상계 : 180,000,000원 - 50,000,000원(장해급여) = 130,000,000원

(3) 과실상계 : 130,000,000원 × (1- 20%) = 104,000,000원

4) 위자료

1억 원 × 30% × [1-(6/10 × 20%)] = 26,400,000원

5) 합계

0원 + 0원 + 104,000,000원 + 26,400,000원 = 130,400,000원

7. 보험금 산정

① 박○○(C 보험사 근재보험 사용자배상책임 특약) : 146,400,000원

② 김○○

1) A, B 보험사

(1) 법률상 손해배상책임액(피보험자의 책임분담분)

130,400,000원 × 70% = 91,280,000원

(2) 지급보험금

가. A 보험사(가스사고 배상책임보험)

손해배상금 : 91,280,000원보상 ≤ 150,000,000원(후유장애 1급 보상한도)

> 🗁 **참고**
>
> **가스사고 배상책임보험 2025년부터 개정 시행**
> - 사망: 1억 5,000만 원 (기존 8,000만 원에서 상향)
> - 단, 실제 손해액이 2,000만 원 미만인 경우에도 최저 2,000만 원
> - 부상: 상해 급수(1급~14급)에 따라 최대 3,000만 원 (기존 1,500만 원에서 상향)
> - 후유장해: 장해 등급(1급~14급)에 따라 최대 1억 5,000만 원 (기존 8,000만 원에서 상향)

나. B 보험사(도급업자 특약)

가) 의무보험 초과 손해배상금 : 91,280,000원 - 80,000,000원 = 11,280,000원

나) 자기부담금 공제 : 11,280,000원 - 1,000,000원(자기부담금)= 10,280,000원

2) C 보험사(근재보험 사용자배상책임 특약)

(1) 손해배상금 : 130,400,000원 × 30%(피보험자의 책임분담분)= 39,120,000원

10. 낚시어선업자, 유도선사업자 배상책임보험 및 어선원근재보험

> 인천어선은 선장 박○○이 연안부두에서 사업주의 지시에 따라 사내 낚시대회를 위해 참석한 선상낚시승객 20명을 승선정원(15인)을 초과하여 승선시키고 심야에 이동 중 서울유람선(승객 20명)과 충돌하는 사고로 침몰하여 구명조끼를 미착용하고 있던 인천어선 직원 인○○과 서울유람선 승객 서○○이 바다로 추락하여 사망하고 인천어선 선장 박○○는 실종(1개월 경과)되었다. 사고 후 인천어선과 서울유람선 승객들은 침몰 위험 상태에서 다음 날 새벽까지 조난되어 있다가 인천어선과 서울유람선의 공동 요청에 의하여 투입된 항공구조사와 수상구조사들에 의해 모두 안전하게 구조되었다. 피해 승객들의 손해에 대한 책임비율은 인천어선 40%, 서울유람선 60%로 결정되었으며, 인천어선은 구명조끼를 제공하지 않은 상태로 출항하여 손해를 유발한 책임이 인정되었고, 승선정원 초과는 경미한 초과로 인정되었다.

[보험계약사항]

(1) 인천어선

　① A 보험회사 : 낚시어선업자 배상책임보험(보험가입인원 : 승객 정원 15인)

　　- 보상한도액 : 1인당 2억원, 1사고당 30억원 / 자기부담금 1천만원(1인당)

　　- 구조비 담보 특별약관

　② B 보험회사 : 어선원근로자재해보장책임보험

　　- 재해보상책임 특별약관

　　- 비업무상재해확장 추가특별약관

　　- 사용자배상책임 특별약관 : 보상한도액 1억원(1인당)

(2) 서울유람선

　• C 보험회사 : 유도선사업자 배상책임보험(보험가입인원 : 승객 정원 30인)

　　- 보상한도액 1인당 2억원, 1사고당 60억원 / 자기부담금 1천만원(1인당)

　　- 승객 외 제3자 담보 특별약관

　　- 구조비 담보 특별약관

[보험금산정 기초사항]

① 인○○ (인천어선 직원)

　• 월현실소득액 : 3,000,000원

　• H계수 : 150(사고일 ~ 가동종료일까지)

　• 과실 : 0%

　• 산재보험 보상급여내역

　• 유족급여 : 100,000,000원

　• 장의비 : 10,000,000원

　• 유족 : 생계를 같이하는 부, 모, 생계를 같이하지 아니하는 성년 아들

② 서○○ (서울유람선 승객)

- 월현실소득액 : 3,000,000원
- H계수 : 50(사고일 ~ 가동종료일까지)
- 과실 : 0%

③ 박○○ (인천어선 선장)

- 근로계약상 월 고정급 100만원
- 통상임금 : 월 고정급의 150%
- 승선평균임금 : 월 고정급의 180%
- 어선원 재해보상 시 적용되는 임금 산정을 위한 최저액 : 2,000,000원
  (실제 적용기준은 아래와 같으나 계산편의 상 위 금액 적용할 것)
- 시중노임단가 : 2,000,000원
  - H계수
  - 사고일 ~ 근로계약종료일 : 30
  - 사고일 ~ 가동종료일 : 90
  - 과실 : 20%
  - 월 일수 계산시 30일 적용할 것
  - 민사 손해액 산정 시 근로계약기간까지 승선평균임금 기준으로 산정할 것.
  - 유족 : 부양되고 있던 사실혼 배우자 및 성년 딸(장례를 치른 자)
  ※ 승객의 구조, 수색을 위하여 지출한 비용 : 50,000,000원
    → 인천어선, 서울 유람선 책임비율에 따라 분담함.
  ※ 위자료 : 1억원 기준
    일실퇴직금은 고려치 않음

상기 조건 하에 다음 사항에 답하시오.

1) 낚시어선업자 및 유도선사업자 배상책임보험에서 피보험자의 법률상 책임과 보험자의 보상책임 및 보상범위를 검토하고 지급보험금을 산정하시오.

2) 어선원근로자재해보장책임보험에서 피보험자의 법률상 책임과 보험자의 보상책임을 검토하고 지급보험금을 산정하시오.

I. 낚시어선업자 및 유도선사업자 배상책임보험

① 법률상 손해배상책임

1) 인천어선

선장 박○○는 해상에서 낚시어선을 운항함에 있어 승객의 안전을 위해 최선의 주의의무가 있고 이를 게을리하여 인○○ 및 서○○에게 손해를 입혔기 때문에 일반불법행위책임(민법 제750조)이 있다. 또한, 인천어선은 낚시어선의 운영자이자 선장 박○○의 사용자로서 피용자의 선임ㆍ감독상 과실에 따른 사용자책임(민법 제756조)이 있고, 승객에게 구명조끼를 제공하지도 않은 채 출항하는 등의 안전점검을 소홀히하여 사고로 인한 손해가 유발되었으므로 직원 인○○ 및 선장 박○○에 대한 안전배려의무를 다하지 못한 과실에 따른 계약책임(민법 제390조)이 있다.

2) 서울유람선

- 서울유람선의 선원들은 해상에서 유·도선을 운항함에 있어 승객의 안전을 위해 최선의 주의의무가 있고 이를 게을리하여 인천어선과 충돌한 사고이므로 피해자인 승객 서○○ 및 승객 외 제3자인 인○○과 박○○에 대하여 일반불법행위책임(민법 제750조)이 있다.
- 서울유람선은 유·도선의 운영자이자 선원들의 사용자로서 피용자의 선임·감독상 과실에 따른 사용자책임(민법 제756조)이 있다.

② 업무상 재해 해당 여부

- 인○○은 사업주의 지시에 따라 사내 낚시대회에 참가하였다가 사고가 발생하였으므로 재해와 업무 사이에 상당인과관계가 인정되므로 업무상 재해에 해당한다.
- 산재보험법 제37조 제1항 제1호 라목 등에서 정한 "사업주가 주관하는 행사"에 해당한다.

③ A, C 보험자의 보상책임

1) 보상책임 여부

(1) A 보험회사

낚시어선업자(낚시 관리 및 육성법)는 승객 및 선원의 피해를 보전하기 위하여 보험가입이 의무화되어 있고 낚시어선업자 배상책임보험은 피보험자(낚시어선업자)가 보험증권상 보장지역 내에서 보험기간 중에 생긴 사고로 보험증권에 기재된 낚시어선에 탑승한 승객 (낚시 목적의 승객)의 신체에 입힌 피해에 대한 법률상 손해배상책임을 담보하는 보험이다. 또한, 승선한 승객이외의 제3자에게 입힌 신체장해에 대한 배상책임은 면책손해이다. 따라서 인천어선의 직원 인○○에 대해 보상한도액 내에서 보상책임이 있고, 서울유람선 승객 서○○에 대해서는 보상책임이 없다. 또한 구조비 담보 특별약관을 가입하였는 바, 피보험자가 승객을 구조 또는 수색하기 위하여 직접 지급한 필요, 유익한 비용에 대해 보상한도액내에서 보상책임이 있다.

(2) C 보험회사

- 유·도선사업자는 유선 및 도선사업법' 에 의해 승객, 선원, 그 밖의 종사자의 피해보상을 위하여 보험가입이 의무화되어 있다. 유·도선사업자 배상책임보험은 피보험자(유·도선사업자)가 보험증권상 보장지역 내에서 보험기간 중에 생긴 사고로 보험증권에 기재된 유·도선에 탑승한 승객, 선원, 그 밖의 종사자의 신체에 입힌 피해에 대한 법률상 손해배상책임을 담보하는 보험이다.
- 승객 외 제3자 담보 특별약관을 가입하였는 바, 인천어선의 직원 인○○과 선장 박○○ 및 서울유람선 승객 서00에 대해 보상한도액 내에서 보상책임이 있다. 또한 구조비 담보 특별약관을 가입하였는 바, 피보험자가 승객, 선원, 그 밖의 종사자를 구조 또는 수색하기 위하여 직접 지급한 필요, 유익한 비용에 대해 보상한도액 내에서 보상책임이 있다.

2) 보험가입의무 및 보상한도

- 낚시어선업자 및 유도선사업자 배상책임보험은 자동차손해배상 보장법 시행령 제3조 제1항 각 호에 따른 금액 이상을 보장하는 손해보험에 가입하여야 한다.
- 의무 배상책임보험은 피보험자의 피해자에 대한 법률상 손해배상금을 증권상 보상한도액을 한도로 보상하되, 자기부담금을 초과한 부분만 보상한다.
- 피보험자의 비용손해로서 보험사에 협력비용(손해방지비용, 권리보전비용, 협조비용)은 전액, 소송시 방어비용(소송비용, 공탁보증보험료)은 법률상 손해배상금과 합계액을 보상한도액 내에서 보상한다.

3) 보상책임의 범위

인천어선이 A 보험회사에 가입한 낚시어선업자 배상책임보험 및 서울유람선이 C 보험회사에 가입한 유도선사업자 배상책임보험에서는 피보험자의 피해자에 대한 법률상 손해배상책임액을 의무보험 보상한도액 내에서 보상한다. 다만, 업무(직무)상 재해이므로 직원 인○○에 대한 산재보험급여를 우선 보상한 근로복지공단 및 선장 박○○에 대한 어선원 재해보상금을 보상하는 B보험회사는 이 건 사고에서 제3자에 해당하는 인천어선, 서울유람선에 대한 망인 유족의 손해배상청구권 내지 A, C 보험회사에 대한 직접청구권을 대위하여 행사하므로, 산재보험급여 및 어선원 재해보상금을 보상받은 유족에 대해 A, C보험회사는 산재보험급여(어선원 재해보상금) 초과손해에 대해서만 보상책임이 있다.

4) 다수 보험계약에 따른 A와 C 보험자의 보상책임

공동불법행위자로서 부진정연대채무관계인 인천어선과 서울유람선을 각각 피보험자로 하는 다수 보험계약이 체결되어 있는 바, 각 피보험자의 책임 분담비율(40% : 60%)에 따라 산정된 금액이 이 건 사고에 대한 A 보험회사 및 C 보험회사의 보상책임액이 된다.

5) 정원초과에 따른 보상한도액

- 낚시어선업자 배상책임보험 약관상 뚜렷한 정원초과로 생긴 손해에 대한 배상책임은 면책이나, 경미한 초과의 경우 내지 뚜렷한 정원초과로 생긴 손해가 아님을 입증한 때에는 정원을 한도로 보상한다.
- A 보험회사에 가입금액이 1인당 2억원이고 승선 승객정원이 15인이므로 1사고당 보상한도액은 30억원(2억원 × 15인)이다. 사안은 경미한 정원초과로 인정되었으므로 이 경우 정원을 한도로 아래의 산식에 따라 승객 인○○에 대해 보상한다.

> 📁 **산식**
>
> 피해자별 실제손해액에 인당 보상한도액을 적용하여 계산한 지급보험금의 합계액 ×
> (계약체결시 승선정원수 / 사고발생시 승선승객수)

④ 보험금 산정

1) 인○○(인천어선 직원)

(1) 손해배상금

i) 장례비 : 500만원 – 1,000만원 = 0원

ii) 위자료 : 100,000,000원

iii) 일실수입 : 3,000,000원 × 2/3 × 150(H계수) = 300,000,000원

→ 유족급여(100,000,000원) 수급권자는 생계를 같이하는 부, 모이므로 상속권자인 아들의 일실수익과 손익상계 대상이 아니다.

iv) 합계 : 0원 + 100,000,000원 + 300,000,000원 = 400,000,000원

(2) 지급보험금

i) A 보험회사

[배상책임보험]

가. 자기부담금 공제 : (400,000,000원 × 40%) – 10,000,000원 = 150,000,000원 ≤ 2억(보상한도액)

나. 정원 초과 산식 적용

150,000,000원 × (15인 / 20인) = 112,500,000원

ii) C 보험회사

가. 자기부담금 공제 : (400,000,000원 × 60%) - 10,000,000원 = 230,000,000원 ≤ 2억(보상한
도액)

나. 보상한도액 적용 : 200,000,000원

2) 서○○(서울유람선 승객)

(1) 손해액

① 장례비 : 500만원

② 위자료 : 1억원

③ 일실수입 : 3,000,000원 × 2/3 × 50(H계수) = 100,000,000원

④ 합계 : 5,000,000원 + 100,000,000원 = 105,000,000원

(2) 지급보험금

① A 보험회사 : 면책 (승객 외 제3자 담보 특별약관 미가입)

② C 보험회사

가. 자기부담금 적용 : 105,000,000원 - 10,000,000원 = 95,000,000원 ≤ 2억(보상한도액)

나. 보상한도액 적용 : 95,000,000원

3) 박○○(인천어선의 선장)

(1) 재해보상초과 손해액 : 147,200,000원 (EL 사용자배상책임 손해액 합계액)

(2) 서울유람선의 책임분담분 : 147,200,000원 × 60%(책임분담분) = 88,320,000원

(3) C 보험회사의 지급보험금

88,320,000원 - 10,000,000원(자기부담금) = 78,320,000원

4) 구조비 담보 특별약관

승객의 구조, 수색을 위하여 지출한 비용은 50,000,000원이므로 인천어선 50,000,000 × 40%

=20,000,000원, 서울유람선 50,000,000 × 60%= 30,000,000원씩 책임비율만큼 분담한다.

II. 어선원근로자재해 보장책임보험

① 법률상 책임

인천어선의 선장 박○○는 직무수행 과정에서 발생한 직무상 재해로서 사업주는 어선원법 상 재해보상책임
을 진다. 또한, 구명조끼를 제공하지 않은 상태로 출항하여 사업주는 사전에 사고가 발생하지 않도록 충분한
안전교육 및 작업 여건을 제공하지 아니한 안전배려의무를 위반하여 근로자의 재해가 발생한 것으로 판단
되므로 민법 제390조 계약책임에 따른 손해배상책임을 진다.

② B 보험자의 보상책임

어선원근재보험은 일정한 선박에 승선하는 선원이 업무상 재해를 입은 경우 사업자(선주)가 부담하여야 할
어선원법상의 재해보상책임과 민법상 선박소유(관리)자의 과실에 따라 추가로 부담하여야 할 배상책임손해
를 보상하는 보험이다. 따라서 피보험자의 어선원법상 재해보상책임 및 피보험자의 과실에 대한 민법상 손
해배상책임에 의거하여, 보험자는 피보험자와의 보험계약에 따른 보상책임이 있다.

③ 행방불명사고에 대한 재해보상

선원법상 선박소유자는 선원이 해상에서 행방불명된 경우에는 대통령령이 정하는 피부양자에게 1개월분의
통상임금과 3개월분의 승선평균임금에 상당하는 금액의 행방불명보상을 하여야 하며, 선원의 행방불명기
간이 1개월을 경과하였을 때에는 사망추정으로 유족보상과 장제비를 추가로 지급한다.

④ 유족보상 등 재해보상 수급권자 및 일실수입 상속권자

  1) 선원의 유족보상, 장제비 및 행방불명보상의 수급권자

    행방불명보상, 유족보상(장제비를 포함)을 받을 순위는 배우자(사실혼 배우자 포함), 자녀 및 부모는 같은 순서이다.

  2) 손익상계

    과거 대법원 판례는 망인의 손해배상채권액에서 유족급여액을 공제한 후 공동상속인에게 손해배상채권을 비율에 따라 상속하도록 한 공제 후 상속설을 취하였으나, 대법원 전원합의체 판결(2009. 5. 21. 선고 2008다13104)에 따라 상속 후 공제설을 취함으로써 기존 판결의 입장을 변경시켰다. 따라서 손해배상청구권을 먼저 상속시킨 후 상속인 중 수급권자가 있으면, 그 자의 상속분에서 수급액을 공제할 뿐 다른 상속인에게는 영향이 없다.

⑤ 보험금 산정

  1) WC (재해보상책임 특별약관)

    (1) 임금산정

      i) 월 통상임금 : 2,000,000원(최저액) × 150% = 3,000,000원

      ii) 월 승선평균임금 : 2,000,000원(최저액) × 180% = 3,600,000원

    (2) 재해보상금 산정

      i) 행방불명보상 : 1개월 통상임금 + 3개월 승선평균임금

        3,000,000원 + (3,600,000원 × 3) = 13,800,000원

      ii) 유족보상(직무상 사망) : 승선평균임금 × 1,300일분

        가. 승선평균임금 : 3,600,000원 / 30일 = 120,000

        나. 산정 : 120,000원 × 1,300 = 156,000,000원

      iii) 장제비 : 승선평균임금 × 120일분

        120,000원 × 120 = 14,400,000원

      iv) 합계

        13,800,000원(행방불명보상) + 156,000,000원(유족보상) + 14,400,000원(장제비) = 184,200,000원

    (3) 수급권자별 지급보험금

      육상근로자의 재해보상에 관하여는 근로기준법 및 산재보험법에 따라 유족보상에 대해서만 수급권자가 적용되며 1순위자가 단독 수급권자에 해당한다. 그러나 해상근로자의 경우에는 선원법 시행령에 따라 유족보상 뿐만 아니라, 장제비와 행방불명보상에 대해서도 유족보상 수급권자가 적용되며, 배우자, 자녀, 부모가 동순위자로서 공동 수급권자가 된다. 따라서, 부양되고 있던 사실혼 배우자, 딸에게 상기 재해보상금 전액에 대하여 균분(1/2)하여 각각 92,100,000원(184,200,000원 × 1/2)원을 지급한다.

  2) EL (사용자배상책임 특약)

    (1) 일실수입

      i) 사고일부터 근로계약종료일

        3,600,000원 × 100% × 2/3 × 30(H계수) = 72,000,000원

      ii) 근로계약종료일 이후부터 가동종료일

        2,000,000원 × 100% × 2/3 × 60(90 - 30) = 약 80,000,000원

      iii) 합계 : 72,000,000원 + 80,000,000원 = 152,000,000원

(2) 손익상계(상속 후 공제)

    가. 자녀의 유족보상금 지분 : 156,000,000원(유족보상) × 1/2 = 78,000,000원

    나. 손익상계 : 152,000,000원 - 78,000,000원 = 74,000,000원

    다. 과실상계 : 74,000,000원 × (1 - 20%) = 59,200,000원

(3) 장례비 : [5,000,000원 × (1 - 20%)] - 7,200,000원(장제비) = 0원

(4) 위자료 : 1억원 × [1 - (6/10 × 20%)] = 88,000,000원

(5) 합계 : 59,200,000원 (일실수입) + 88,000,000원(위자료) = 147,200,000원

(6) 지급보험금 : 147,200,000원 × 40%(책임분담분) = 58,880,000원

    망인의 일실수입과 망인 및 자녀의 위자료. 즉, 상속권자인 자녀의 손해배상청구권에 대해서는 자녀에게 지급하고, 청구권자별 고유의 위자료는 해당 청구권자별 내지 청구위임을 받은 자에게 지급한다.

11. 생산물배상책임보험과 일상생활배상책임보험 및 자동차보험

박○○은 평소 이용하는 출퇴근길에서 자전거를 이용하여 퇴근 중이었다. 2023. 3. 1. 자전거를 타고 통상적인 경로로 집으로 퇴근하던 중 신호등이 없는 교차로에서 자전거의 브레이크 고장으로 홍길동이 운영하는 음식점에서 오토바이로 배달업무 중이던 직원 김○○과 충돌하여 두 명 모두 상해를 입었다. (주)서울자전거가 제조한 이 자전거는 사고 후 관련 전문검사기관의 기술소견서상 자전거 브레이크 결함이 인정되었고, 법률자문결과 박○○ 또한 자전거 점검을 부주의한 과실이 인정되었다. 이 건 사고로 박○○과 김○○ 모두 업무상 재해가 인정되어 산재보험으로 요양가료하였으며 산재 장해등급을 받고 종결한 후, (주)서울자전거 및 상호 간에 손해배상을 청구하였다. 법률자문결과 박○○과 김○○의 손해에 대해 공동불법행위자로서 (주)서울자전거의 제조물책임은 60%, 박○○과 김○○의 쌍방 운전 중 부주의에 따른 책임은 40%로 결정되었다.

[보험계약사항]

(1) A 보험사 : (주)서울자전거
- 생산물배상책임보험(손해사고기준 증권) : 1인당 1억원

(2) B 보험사
  ① 박○○
    - 일상생활배상책임보험 특별약관

(3) C 보험사 : 홍길동
- 자동차보험(종합보험, 무한)
- 영업배상책임보험 시설소유(관리)자 특별약관 : 1인당 2억원
- 근재보험 사용자배상책임 특별약관 : 1인당 2억원

[보험금 산정 기초사항]

① 박○○

- 직업 : 제조업 정직원
- 입사일 : 2017. 4. 1 / 정년 60세
- 월현실소득(평균임금) : 2,500,000원
- 임금인상예정(2024. 12. 1.) : 3,000,000원(평균임금 100,000원)
- 시중노임단가 : 100,000원
- 노동능력상실률 : 20%
- 치료관계비 : 5,000,000원
- 사고일 ~ 치료(입원)종결일(2023. 4. 1 ~ 2024. 2. 28) : 11개월 (H계수 : 10)
- 사고일 ~ 임금인상전(2023. 4. 1 ~ 2024. 11. 30) : 21개월 (H계수 : 20)
- 사고일 ~ 정년(60세)(2023. 4. 1. ~ 2053. 3. 31) : 360개월 (H계수 : 220)
- 사고일 ~ 가동종료일(65세)(2023. 4. 1. ~ 2058. 3. 31) : 420개월 (H계수 : 242)
- 피해자 과실 : 20%
- 위자료 : 1억원
- 피보험자의 비용 손해 : 응급조치비용 500,000원, 협조비용 500,000원
- 산재보험 급여내역
  1) 요양급여 : 치료관계비 전액
  2) 휴업급여 : 15,000,000원
  3) 장해급여 : 30,000,000원
- 일실퇴직금 고려하지 않음

② 김○○

- 직업 : 일용근로자
- 시중노임단가 : 100,000원
- 피해자 과실 : 20%
- 기왕치료비 : 10,000,000원
- 노동능력상실률 : 20%
- 사고일 ~ 치료(입원)종결일 (2023. 4. 1 ~ 2023. 9. 30) : 6개월 (H계수 : 5)
- 사고일 ~ 가동종료일(65세)(2023. 4. 1 ~ 2054. 3. 31) : 352개월 (H계수 : 225)
- 위자료 : 1억원
- 피보험자의 비용손해 : 손해방지비용 2,400,000원
- 산재보험 급여내역
  1) 요양급여 : 치료관계비 전액
  2) 휴업급여 : 8,000,000원
  3) 장해급여 : 30,400,000원
  ※ 손익상계와 과실상계 (대법원 2022다262209) 2022년 12월 16일 판례 이전 기준으로 산정하시오.

상기의 조건에 따라 다음 사항에 답하시오.

1) 법률상 손해배상책임을 검토하고 담보계약에 따른 각 보험자의 지급보험금을 산정하시오.

----

1. 법률상 손해배상책임
- 박○○과 김○○ : 전방 주시의무 위반으로 쌍방과실로 인하여 발생한 사고로 상호 간에 일반불법행위책임 (민법 제750조)
- 홍길동 : 김○○의 사용자로서 피용자의 선임 · 감독상 과실에 따른 사용자책임(민법 제756조) .
- (주)서울자전거 : 자전거 제조업자로서 제조물의 제조상 결함으로 인하여 제조물책임(제조물책임법 제3조)

2. 보험자의 보상책임

① A 보험사

1) 보상책임

생산물배상책임보험은 피보험자가 제조, 판매, 공급 또는 시공한 생산물이 타인에게 양도된 후, 그 생산물의 결함으로 인하여 타인의 신체나 재산에 피해를 입힌 경우, 제조업자나 판매업자, 용역을 제공한 자가 피해자에게 부담해야 하는 법률상의 배상책임 손해를 보상하는 보험이다. 따라서 피보험자인 (주)서울자전거의 제품 결함에 의한 제조물책임법상 손해배상책임에 의거 보험자는 피보험자와의 보험계약에 따른 보상책임을 진다.

2) 다수 보험계약에 따른 A 보험자의 보상범위

공동불법행위자로서 부진정연대채무관계인 (주)서울자전거, 박○○ 및 홍길동을 각각 피보험자로 하는 다수 보험계약이 체결되어 있는 바, (주)서울자전거의 책임 분담비율 60%에 따라 산정된 금액이 박○○ 및 김○○에 대한 A 보험회사의 보상 책임액이 된다.

② B 보험사

1) 담보위험

- 일상생활배상책임 특별약관은 피보험자의 일상생활(주택이외의 부동산의 소유, 사용 또는 관리는 제외)에 기인하는 우연한 사고로 인해 법률상 배상책임을 부담함으로써 입은 손해를 보상한다.
- 일상생활이라 함은 의식주의 기본생활과 가벼운 취미생활을 의미하는 것으로서 반드시 집안에서의 가사활동에만 국한되지 않고 직장에서의 평소 업무활동, 출퇴근, 학생의 학업, 친구들과의 유희, 자녀의 양육 및 보호 등도 포함되는 개념으로 사안의 경우 박○○이 자전거로 출퇴근 중 발생한 배상책임 사고로서 일상생활에 기인한 우연한 사고에 해당한다.

2) 면책손해 검토

(1) 약관상 항공기, 선박, 차량(원동력이 인력에 의한 것을 제외), 총기(공기총을 제외)의 소유, 사용, 관리에 기인하는 배상책임, 피보험자의 직무수행을 직접 원인으로 하는 배상책임은 면책손해이다. 위 사항은 원동력이 인력에 의한 차량에 해당되며, 출퇴근 재해에 해당되지만 직무수행으로 인하여 발생한 사고가 아닌, 제조물결함과 운전부주의가 경합된 사고로서 피보험자의 직무수행을 직접 원인으로 하는 배상책임 면책손해에 해당되지 아니한다.

3) 다수 보험계약에 따른 B 보험자의 보상범위

공동불법행위자로서 부진정연대채무관계인 박○○과 (주)서울자전거를 각각 피보험자로 하는 다수 보험계약이 체결되어 있어 박○○의 책임 분담비율 40%에 따라 산정된 금액이 피해자 김○○에 대한 B 보험회사의 보상책임액이 된다.

----

③ C 보험사

　1) 자동차책임보험(종합보험, 무한)

　　자동차책임보험(종합보험, 무한)은 피보험자가 피보험자동차를 소유, 사용, 관리하는 동안에 생긴 사고로 인하여 발생한 법률상 손해배상책임을 담보한다. 따라서 피보험자 소유 오토바이 사고로 인한 박○○의 손해에 대해 자동차보험 대인배상에서 보험자는 보상책임이 있다.

　2) 영업배상책임보험 시설소유(관리)자 특약

　　• 영업배상책임보험 시설소유(관리)자 특약은 피보험자가 소유, 사용 또는 관리하는 시설 및 그 시설의 용도에 따른 업무의 수행으로 생긴 우연한 사고를 담보한다. 그러나 피보험자가 소유, 점유, 임차, 사용 또는 관리(화물의 하역작업 포함)하는 자동차, 항공기, 선박으로 생긴 손해에 대한 배상책임은 면책손해에 해당한다.

　　• 박○○ : 면책, 오토바이 사고

　　• 김○○ : 면책, 피보험자의 근로자가 피보험자의 업무에 종사 중 손해

　3) 다수 보험계약에 따른 C 보험자의 보상범위

　　박○○에 대해 공동불법행위자로서 부진정연대채무관계인 홍길동과 (주)서울자전거를 각각 피보험자로 하는 다수 보험계약이 체결되어 있는 바, 홍길동의 책임 분담비율 40%에 따라 산정된 금액이 피해자 박○○에 대한 C보험회사의 보상책임액이 된다.

　4) 근재보험 사용자배상책임(EL) 특약

　　사용자배상책임(EL) 특약은 근로자가 업무상의 재해를 입은 경우 사용자가 산재보험법상의 재해보상책임을 초과하여 부담하게 되는 민법상 손해배상책임을 담보하는 보험이므로 피보험자인 홍길동은 사용자로서의 안전배려의무 위반 등 근로자 김○○에 대한 법률상 손해배상책임은 없으므로 보험자는 보상책임이 없다.

3. 산재보험 보상에 따른 보험사의 보상범위

　근로복지공단은 박○○ 및 김○○에 대한 산재보험급여를 우선 보상하고 이 사고에서 제3자에 해당하는 A, B, C 보험회사에 대한 피해자의 손해배상청구권 내지 직접청구권을 대위하여 행사하므로, 산재보험급여를 보상받은 박○○ 및 김○○에 대해 A, B, C 보험회사는 산재보험급여 초과손해에 대하여 보상책임을 진다.

4. 지급보험금 산정,(대법원 2022다262209) 2022년 12월 16일 판례 이전 기준

　① 박○○

　　1) 치료관계비

　　　(1) 5,000,000원 × (1 - 20%) = 4,000,000원

　　　(2) 손익상계 : 4,000,000원 - 전액(요양급여) = 0원 (2022년 12월 16 이전 : 과실상계 후 손익상계 함)

📁 **참고**

대법원 2022다262209 선고일 : 2022. 12. 16

손익상계 → 과실상계

1. 손익상계

　피해자가 손해와 관련해 얻은 이익을 먼저 공제하여 실제 손해액을 확정한다.

2. 과실상계

　위에서 확정된 손해액을 기준으로 피해자의 과실 비율만큼 책임을 제한한다. 현재는 손익상계 후 과실상계 함

---

2) 휴업손해

 (1) 사고일로부터 입원치료종결일까지의 일실수입

  2,500,000원 × 100% × 10(H계수) × (1-20%) = 20,000,000원

 (2) 손익상계 : 20,000,000원 - 15,000,000원(휴업급여) = 5,000,000원

3) 상실수익액

 (1) 치료종결일 이후부터 임금인상 전까지

  2,500,000원 × 20%(노동능력상실률) × 10(H계수 20-10) × (1-20%) = 4,000,000원

 (2) 임금인상일 이후부터 정년(60세) 까지

  3,000,000원 × 20%(노동능력상실률) × 200(220-20) × (1-20%) = 96,000,000원

 (3) 정년 이후부터 가동종료(65세) 까지

  (100,000원 × 20일) × 20%(노동능력상실률) × 20(240-220) × (1-20%) = 6,400,000원

 (4) 합계 : (4,000,000원 + 96,000,000원 + 6,400,000원) = 106,400,000원

 (5) 손익상계 : 106,400,000원 - 30,000,000원(장해급여) = 76,400,000원

📁 **참고**

중간이자 공제기간이 414개월을 초과하여 단리연금현가율(H계수) 이 240을 넘게 되면, 현가로 받은 금액에 대한 이자만으로도 매월 입게되는 손해액보다 많게 되므로 피해자가 과잉배상을 받지 않도록 414개월을 초과하는 경우 총 240을 적용한다.

---

4) 정신적 손해(위자료)

 1억원 × 20% × [1 - (6/10 × 20%)] = 17,600,000원

5) 산재보험 초과손해액 합계

 5,000,000원 + 76,400,000원 + 17,600,000원 = 99,000,000원

6) 협력비용 손해 : 500,000원 + 500,000원 = 1,000,000원(전액보상)

7) 합계 : 99,000,000원 + 1,000,000원 = 100,000,000원

8) 지급보험금

 (1) A 보험사(생산물배상책임보험) : 100,000,000원 × 60% = 60,000,000원

 (2) C 보험사(자동차책임보험) : 100,000,000원 × 40% = 40,000,000원

② 김○○

1) 치료관계비

 (1) 산정 : 10,000,000원 × (1-20%) = 8,000,000원

 (2) 손익상계 : 8,000,000원 - 전액(요양급여) = 0원

2) 휴업손해

 (1) 산정 : (100,000원 × 20일) × 100% × 5(H계수) × (1-20%) = 8,000,000원

 (2) 손익상계 : 8,000,000원 - 8,000,000원(휴업급여) = 0원

3) 상실수익액

 (1) 산정 : (100,000원 × 20일) × 20%(노동능력상실률) × 220(225-5) × (1-20%) = 70,400,000원

 (2) 손익상계 : 70,400,000원 - 30,400,000원 = 40,000,000원

   4) 위자료

     1억원 × 20% × [1 − (6/10 × 20%)] = 17,600,000원

   5) 산재보험 초과손해액 합계

     0원 + 0원 + 40,000,000원 + 17,600,000원 = 57,600,000원

   6) 협력비용 손해 : 2,400,000원(전액보상)

   7) 합계 : 57,600,000원 + 2,400,000원 = 60,000,000원

   8) 지급보험금 산정

    (1) A 보험회사 : 60,000,000원 × 60%(책임분담분) = 36,000,000원

    (2) B 보험회사

      가. 법률상 손해배상금 : 60,000,000원 × 40%(책임분담분) = 24,000,000원

12. 액화석유가스소비자보장 특약과 다중이용업소 화재배상책임 보험, 시설소유 관리자 특약 및 사용자배상책임 특약의 손해액 산정

홍길동이 운영하는 식당에서 직원 박○○이 음식을 만들려고 가스레인지에 점화하는 순간 폭발이 일어나 박○○이 사망하고 손님 김○○이 상해를 입은 사고가 발생하였다. 사고조사 결과 가스소비자인 홍길동의 사전 안전점검 부주의에 따른 안전밸브 불량 등으로 가스가 누출되어 사고가 발생하였으며, 판매업자인 서울종합가스의 피용자도 사전에 소비설비의 점검을 부실하게 하여 가스누출을 확인하지 못한 책임이 인정되었다. 피해자들에 대한 공동불법행위자로서 홍길동의 책임은 60%, 서울종합가스의 책임은 40%로 결정되었다. 박○○의 유족이 산재 유족급여를 수령한 후 서울종합가스 및 홍길동에게 손해배상을 청구하였다. 망인 박○○의 유족은 생계를 같이하고 있던 모와 생계를 같이 하고 있지 않은 배우자와 딸이 있다.

[보험계약사항]
(1) 서울종합가스
  • A 보험사 : 가스사고 배상책임보험 / 액화석유가스 소비자보장 특약
(2) 홍길동
  • B 보험사 : 다중이용업소 화재배상책임보험 / 종업원배상책임 부담보 추가특약
  • C 보험사 : 영업배상책임보험 / 시설소유관리자배상책임 특약(1인당 : 1억원)
  • D 보험사 : 근로자재해보장책임보험/ 사용자배상책임 특약(1인당 : 1억원)

[보험금산정 기초사항]
① 김○○ : 얼굴 및 좌 하지 2도 화상 치료 후 후유장해
② 박○○ : 전신성 3도 화상 치료 중 사망
  • 산재보험급여 내역
   1) 요양급여 : 치료비 전액
   2) 휴업급여 : 10,000,000원
   3) 유족급여 : 130,000,000원
   4) 장의비 : 12,000,000원
③ 의무보험 보상한도액 및 실제 손해

<table>
<tr><td rowspan="2">구분</td><td colspan="2">보상한도액</td><td rowspan="2">손해 항목</td><td rowspan="2">손해액 합계</td></tr>
<tr><td>A 보험회사</td><td>B 보험회사</td></tr>
<tr><td rowspan="2">김○○</td><td>• 부상 2급
8,000,000원
• 부상 6급
4,000,000원</td><td>• 부상 2급
15,000,000원
• 부상 6급
7,000,000원</td><td>• 치료비 500만원
• 휴업손해 2,500만원</td><td rowspan="2">300,000,000원</td></tr>
<tr><td>• 후유장해 2급
72,000,000원
• 후유장해 14급
5,000,000원</td><td>• 후유장해 2급
135,000,000원
• 후유장해 14급
10,000,000원</td><td>• 상실수익액
2억2,000만원
• 위자료 5,000만원</td></tr>
<tr><td rowspan="2">박○○</td><td>• 부상
1급15,000,000원</td><td>• 부상 1급
30,000,000원</td><td>• 치료비 1,000만원
• 휴업손해 2,000만원</td><td rowspan="2">300,000,000원</td></tr>
<tr><td>• 사망
80,000,000원</td><td>• 사망 150,000,000원</td><td>• 상실수익액 5,000만원
• 위자료 1억원
• 장례비 500만원</td></tr>
</table>

1) 피보험자의 법률상책임, 각 보험계약의 보상책임 및 피해자의 지급보험금을 산정하시오.

답 1. 법률상 손해배상책임

① 홍길동

- 홍길동은 음식점의 운영자로서 이용자의 안전을 위하여 사고가 발생하지 않도록 최선의 주의의무가 있고 가스소비설비 안전점검 부주의로 발생한 사고에 대하여 일반불법행위책임(민법 제750조)이 있다.
- 사업주의 안전시설점검 미비 등으로 인하여 박○○가 상해를 입게 된 사고로 인정되므로 홍길동은 사용자로서 근로계약상 부수적 의무인 근로자에 대한 안전배려의무를 위반에 대해 민법 제390조 계약책임(채무불이행책임)에 따른 손해배상책임을 진다.

② 서울종합가스

서울종합가스의 피용자가 사전에 소비설비의 점검을 부실하게 하여 안전밸브 불량 등을 확인하지 못한 책임이 인정되고 피용자의 업무상 부주의에 따른 민법 제750조 일반불법행위책임에 대해 사용자로서 피용자의 선임·감독상 과실에 따른 민법 제756조 사용자책임이 있다.

2. 보험회사의 보상책임

① A 보험회사(가스사고배상책임보험 액화석유가스 소비자보장 특약)

1) 보상책임

액화석유가스 소비자보장 특약은 소비자 및 타인의 과실여부를 불문하고 보상하는 보험이며 약관상 면책사유에 해당되지 않으므로 보험회사는 보상책임이 있다. 가스폭발로 인한 박○○ 및 김○○의 신체손해에 대해 보험자는 피보험자와의 보험계약에 따른 보상책임이 있다.

2) 보상한도

    (1) 사망 : 8천만원 (실손해액이 2천만원 미만인 경우에는 2천만원)

    (2) 부상 : 1급 1,500만원 ~ 14급 20만원 (상해등급별 한도로 실손해)

    (3) 후유장해 : 1급 8천만원 ~ 14급 500만원 (후유장해등급별 한도로 실손해)

    (4) 보험금의 병급

        가. 부상한 자가 치료 중 그 부상이 원인이 되어 사망한 경우에는 (1)항과 (2)항에 따른 금액의 합산액

        나. 부상한 자에게 후유장해가 생긴 경우에는 (2)항과 (3)항에 따른 금액의 합산액

        다. (3)항에 따른 금액을 지급한 후 그 부상이 원인이 되어 사망한 경우에는 (1)항에 따른 금액에서 (3)항에 따른 금액 중 사망한 날 이후에 해당하는 손해액을 뺀 금액

> 📁 **참고**
>
> 2급 내지 11급까지의 상병명중 2가지 이상의 상해가 중복된 때에는 가장 높은 등급에 해당하는 상해로부터 하위 3등급(**예** 2급이 주종일 때에는 5급까지 사이) 사이의 상해가 중복된 때에 한하여 한 급 높이 배상한다.

② B 보험회사(다중이용업소 화재배상책임보험)

  1) 보상책임

    • 다중이용업소 화재배상책임보험은 「다중이용업소의 안전관리에 관한 특별법」에 의거 다중이용업주가 소유, 사용, 관리하는 다중이용업소의 화재(폭발 포함)로 인한 타인의 신체 또는 재산상 손해를 보상하는 의무보험이다.

    • 손님 김○○ : 부책

    • 근로자 박○○ : 면책(종업원배상책임 부담보 추가특별약관 가입)

  2) 보상한도

    (1) 사망 : 1억 5천만원 (실손해액이 2천만원 미만인 경우에는 2천만원)

    (2) 부상 : 1급 3,000만원 ~ 14급 80만원 (상해등급별 한도로 실손해)

    (3) 후유장해 : 1급 1억 5천만원 ~ 14급 1,000만원 (후유장해등급별 한도로 실손해)

> 📁 **참고**
>
> **가스사고 배상책임보험 2025년부터 개정 시행**
> - 사망 : 1억 5,000만 원 (기존 8,000만 원에서 상향)
> - 단, 실제 손해액이 2,000만 원 미만인 경우에도 최저 2,000만 원
> - 부상 : 상해 급수(1급~14급)에 따라 최대 3,000만 원 (기존 1,500만 원에서 상향)
> - 후유장해 : 장해 등급(1급~14급)에 따라 최대 1억 5,000만 원 (기존 8,000만 원에서 상향)

    (4) 보험금의 병급

        가. 부상한 자가 치료 중 그 부상이 원인이 되어 사망한 경우에는 (1)항과 (2)항에 따른 금액의 합산액

        나. 부상한 자에게 후유장해가 생긴 경우에는 (2)항과 (3)항에 따른 금액의 합산액

        다. (3)항에 따른 금액을 지급한 후 그 부상이 원인이 되어 사망한 경우에는 (1)항에 따른 금액에서 (3)항에 따른 금액 중 사망한 날 이후에 해당하는 손해액을 뺀 금액

③ C 보험회사(영업배상책임보험 시설소유관리자 특별약관)

1) 보상책임
- 영업배상책임보험 시설소유관리자 특약은 피보험자가 소유, 사용 또는 관리하는 시설 및 그 시설의 용도에 따른 업무의 수행으로 생긴 우연한 사고를 담보한다.
- 김○○ : 부책
- 박○○ : 면책 (피보험자의 근로자가 피보험자의 업무에 종사 중 입은 신체장해에 대한 손해배상책임을 약관상 면책에 해당된다.)

2) 보험금 분담

이 보험은 다른 의무보험이 있는 경우에는 다른 의무보험에서 보상되는 금액(피보험자가 가입하지 않은 경우에는 보상될 것으로 추정되는 금액)을 차감한 금액을 손해액으로 간주하여 보상할 금액을 결정한다. 따라서 김○○에 대한 배상책임 손해액에서 피보험자의 의무보험인 다중이용업소 화재배상 책임보험에서 보상되는 보험금을 차감한 금액이 이 건에 대한 보험사의 보상책임액이 된다.

④ D 보험회사(근재보험 사용자배상책임 특약)

1) 보상책임

사용자배상책임(EL) 특약은 근로자가 업무상의 재해를 입은 경우 사용자가 산재보험법상의 재해보상책임을 초과하여 부담하게 되는 민법상 손해배상책임을 담보하는 보험이며 피보험자인 홍길동은 사용자로서의 안전배려의무 위반에 따른 근로자 박○○에 대한 법률상 손해배상책임에 대해 보험자는 피보험자와의 보험계약에 따른 보상책임을 진다.

2) 손익상계(상속 후 공제)

망인 박○○의 유족은 생계를 같이하는 모와 생계를 같이 하고 있지 않은 배우자와 딸이 있는 바, 산재보험 유족급여 수급권자는 생계를 같이하는 모이고, 일실수입 상속권자 및 상속지분은 배우자 1.5, 딸 1이다. 이 경우 보상과 배상간의 상호보완관계에 대하여 상속 후 공제설을 취하므로 일실수입 손해배상청구권을 먼저 상속시킨 후 상속인 중 수급권자가 있으면 그 자의 상속분에서 수급액을 공제할 뿐 다른 상속인에게 영향이 없다.

3. 보험회사의 보상범위

① 다수보험계약에 따른 보상범위

박○○ 및 김○○의 손해에 대해 공동불법행위자로서 부진정연대채무자인 홍길동과 서울종합가스를 각각 피보험자로 하는 다수 보험계약이 체결되어 있어 각 피보험자의 책임 분담비율(60% : 40%)에 따라 산정된 금액이 사고에 대한 각 피보험자가 가입한 보험회사의 보상책임액이 된다.

② 중복보험계약에 따른 보험금 분담

홍길동은 중복보험계약이 체결되어 있고 김○○의 손해에 대해 의무보험인 B 보험사에서 보상한도액 내에서 우선보상 후 임의보험인 C 보험사에서 그 초과손해액을 보상한도액 내에서 보상한다.

③ 산재보험의 구상권

1) A 보험사

박○○에 대한 산재보험급여를 보상한 근로복지공단은 이 건 사고에서 제3자에 해당하는 A 보험사에 대해 피해자의 직접청구권. 즉, 박○○의 손해배상청구권을 대위하여 행사하므로, 산재보험급여를 보상받은 박○○에 대해 A 보험사는 산재보험급여 초과손해에 대해서만 보상책임을 진다.

2) D 보험사

박○○에 대해 근재보험 사용자배상책임 특약은 산재보험급여 초과손해에 대해서만 보상책임을 진다.

4. 보험금 산정

  ① 김○○

    1) 법률상 손해배상금

      500만원(치료비) + 2,500만원(휴업손해) + 2억2,000만원(상실수익액) + 5,000만원(위자료) = 300,000,000원

    2) 책임분담분

      (1) 서울종합가스 : 300,000,000원 × 40% = 120,000,000원

      (2) 홍길동 : 300,000,000원 × 60% = 180,000,000원

    3) A 보험회사(액화석유가스 소비자보장 특별약관)

      (1) 부상보험금

        • [500만원(치료비) + 2,500만원(휴업손해)] × 40% = 1,200만원 ≦ 부상 2급 800만원

        • 2급 내지 11급까지의 상병명 중 2가지이상의 상해가 중복된 때에는 가장 높은 등급에 해당하는 상해로부터 하위 3등급(예 2급이 주종일 때에는 5급까지 사이) 사이의 상해가 중복된 때에 한하여 한급 높이 배상한다. → 보상한도액 800만원

      (2) 후유장해보험금

        [2억2,000만원(상실수익액) + 5,000만원(위자료)] × 40% = 108,000,000원 ≦ 후유장해1급 8,000만원 → 보상한도액 8,000만원

      (3) 합계 : 800만원(부상보험금) + 8,000만원(후유장해보험금) = 88,000,000원

    4) B 보험회사(다중이용업소 화재배상책임보험)

      (1) 부상보험금

        [500만원(치료비) + 2,500만원(휴업손해)] × 60% = 1,800만원 ≦ 부상 2급 1500만원

        → 보상한도액 1,500만원

      (2) 후유장해보험금

        [2억2,000만원(상실수익액) + 5,000만원(위자료)] × 60% = 162,000,000원 ≦ 후유장해1급 1억5,000만원

        → 보상한도액 1억5,000만원

      (3) 합계 : 1,500만원(부상보험금) + 1억 5,000만원(후유장해보험금) = 165,000,000원

5) C 보험회사(시설소유관리자 특별약관)

   (1) 책임분담분 : 180,000,000원 – 165,000,000원 = 15,000,000원

   (2) 지급보험금

      300,000,000원 – 88,000,000원(A보험사) – 165,000,000원(B보험사) = 47,000,000원

   (3) 구상권 : 47,000,000원 – 15,000,000원 = 32,000,000원

      → 서울종합가스와 홍길동은 부진정연대채무 관계이므로 C보험사에 서울종합가스의 책임분담분
      (32,000,000원)을 포함하여 나머지 손해액 전액 보상한 후, 서울종합가스에 구상권을 행사한다.

② 박○○

  1) 산재보험급여 초과 손해액

   (1) 치료비 : 1,000만원 – 전액(요양급여) = 0원

   (2) 휴업손해 : 2,000만원 – 1,000만원(휴업급여) = 1,000만원

   (3) 상실수익액 : 5,000만원 [상속지분 : 배우자 3,000만원(1.5/2.5), 딸 2,000만원(1/2.5)(총상속분 계산
      시 배우자는 1.5, 자녀는 1이므로)]

      → 유족급여(130,000,000원) 수급권자는 생계를 같이하는 모이므로 상속권자인 배우자와 딸의 일실
      수익과 손익상계 대상이 아니다.

   (4) 장례비 : 500만원 – 1,200만원(장의비) = 0원

   (5) 위자료 : 1억원

   (6) 합계 : 0원 + 1,000만원 + 5,000만원 + 0원 + 1억원 = 1억6,000만원

  2) A 보험회사(액화석유가스 소비자보장 특별약관)

   (1) 부상보험금 : [0원(치료비) + 1,000만원(휴업손해)] × 40% = 4,000,000원

   (2) 사망보험금

      [5,000만원(상실수익액) + 1억원(위자료) + 0원(장례비)] × 40% = 60,000,000원

   (3) 합계 : 4,000,000원 + 60,000,000원 = 64,000,000원

  3) D 보험회사(근재보험 사용자배상책임 특약)

   160,000,000원 × 60% = 96,000,000원

01. 국내 근재보험 사용자배상책임특약 지급보험금 산정 사례(사망의 경우)

[보험금 산정 기초(다른 사항 고려안함)]
- 평균임금 : 월 300만원
- 시중노임단가 : 10만원
- 산재보상내역
- 유족급여 : 15,000만원, 장례비 : 1,000만원
- 근로계약기간 중 사망
- 위자료 : 1억
- 근로자 과실 : 20%
- 사고일기준 H 계수
  1) 사고일 ~ 근로계약기간까지 (H10)
  2) 사고일 ~ 가동종료일까지 (H100)
- 보험계약
  국내근재보험(E · L사용자배상책임특약 1인당 2억)
- 가족사항
  생계를 같이 하는 아들, 생계를 같이 하지 않는 부

📖 1. 장례비

  500만원 – 1,000만원 = 0원 (장례비는 실무상 500만원 가정한다.)

2. 일실수익

  ① 사고일(사망시) ~ 근로 계약기간까지

   300만원 × 100% × 10(H) × (1–1/3) = 20,000,000원

  ② 사고일(사망일) ~ 가동연한시까지

   100,000 × 20일 ×100% × 90(100–10) × (1–1/3) = 120,000,000원

  ③ 계

   140,000,000원 – 150,000,000원(산재유족보상금) = 0원

3. 위자료

  1억 × 100% × [1–(20% × 0.6)] = 8,800만원

4. 합계액

  88,000,000원 ≦ 보상한도 2억

[보험금 산정 기초 (다른 사항 고려안함)]
- 산재종결 됨(입원 : 20일, 통원 : 0일)
  월 급여 : 3,000,000원
- 노임단가 : 100,000원
- 산재보상내역 : 휴업급여 500만원, 장해급여 2,000만원
- 노동능력상실률(맥브라이드장해)
- 족관절 : 20%
- 비급여치료비 : 400만원
- 위자료 1억 기준
- 근로자 과실 : 20%
- 사고일기준 H 계수(가정) (퇴원 후 퇴사)
  - 사고일 ~ 입원기간까지(H 20)
  - 사고일 ~ 가동기간까지(H 120)
- 보험계약
  국내근재보험(사용자배상책임특약 1인당 1억)
  다른 사항은 고려하지 않음

1) 지급보험금 구하시오.

1. 비급여치료비

   400만원 × (1 − 20%) = 3,200,000원

2. 입원 일실수익

   100,000 × 100% × 20(H) = 2,000,000원

   ① 손익상계 : 2,000,000원 − 5,000,000원(휴업급여) = 0원

   ② 과실상계 : 0원

3. 장해 일실수익

   100,000원(일급) × 20 (월 가동일수) = 월 소득액 2,000,000원.

   → 2,000,000원 × 20% × H(120 − 20) = 40,000,000원

📁 참고

일용근로자의 월 가동일수
- 기존 기준 : 도시 일용근로자의 월 가동일수를 22일로 인정하던 기존 기준이었다.
- 변경된 기준 : 2024년 4월 25일, 대법원은 도시 일용근로자의 월 가동일수를 20일로 인정하는 판결을 선고하였다.

   ① 손익상계 40,000,000원 − 20,000,000원(장해급여) = 20,000,000원

   ② 과실상계 20,000,000원 × (1 − 20%) = 16,000,000원

4. 위자료 : 1억 × 20% × [1-(20%×0.6)] = 17,600,000원

5. 최종 지급보험금

3,200,000원(비급여치료비) + 0원(입원일실수익) + 16,000,000원(장해일실수익) + 17,600,000원(위자료) = 36,800,000원 ≤ 1억원 = 36,800,000원

03. 평균임금 및 재해보상 사망

(주)한국전력공사 소속 박○○은 한국전력 발전설비공사 건설현장 정직원으로 근무하며 08시에 업무를 시작하여 22시에 업무를 종료, 1일 평균 12시간, 주간 평균 약 70시간의 근무를 하며 스트레스 및 과로에 시달리다가 2024. 4. 1. 과로로 쓰러져 사망하였다. 박○○은 매월 기본급 300만원, 직책수당 30만원, 자격수당 20만원, 가족수당 30만원(부양가족 수에 따라 차등지급)을 지급받았고, 상여금은 기본급 100%를 매분기말 지급받았다.

※ 사고일 이전 월 일수 : 1월(31일), 2월(28일), 3월(31일), 4월 (30일)

위와 같은 경우 평균임금 및 산재 보험법상 유족급여와 장의비를 산정하시오.

1. 임금의 정의

가. 근로기준법 제18조의 규정에 의한 사용자가 근로의 대상으로 근로자에게 임금, 봉급, 기타 명칭으로 지급하는 일체의 금품을 말한다.

나. 평균임금은 실제로 지급받은 임금의 1일 평균액으로서 산정사유가 발생한 날 이전 3월간의 임금총액을 사유가 발생한 날 이전 3월간의 총 일수로 나눈 금액을 말한다.

다. 통상임금은 근로자에게 정기적이고 일률적으로 소정근로 또는 총 근로에 대하여 지급하기로 정하여진 시간급 금액, 일급금액, 주급금액, 월급금액, 도급금액 또는 정기 상여금을 말한다.

구분	통상임금	평균임금
정의	근로자가 정기적이고 일률적으로 소정근로 또는 총 근로에 대하여 지급하기로 정한 금액	산정 사유 발생 전 3개월간 지급된 총액을 그 기간의 총 일수로 나눈 금액
주요 활용	연장, 야간, 휴일근로 수당 산정	퇴직금, 휴업수당, 재해보상금 등 산정
핵심 요건	정기성, 일률성, 소정근로 대가성	직전 3개월 임금 평균

2. 평균임금 산정기초인 임금에서 제외되는 금품

성질상 임금이 아니기 때문에 포함될 수 없는 것(결혼축하금, 조의금, 실비변상적인 것과 현물로 지급되는 것)과 임시로 지급되는 임금 등은 평균임금 산정기초인 임금에 포함되지 않는다. 즉, 임시 또는 돌발적인 사유에 의해 지급된 임금, 일시적으로 또는 일부 근로자에게 지급되는 교통비, 자가운전보조비, 학비보조금과 같은 순수한 의미의 복리후생비 및 실비변상적 금액은 제외된다.

3. 상여금의 평균임금 적용기준

① 평균임금 산정상의 상여금 취급요령

상여금이 단체협약, 취업규칙, 그 밖에 근로계약에 미리 지급되는 조건 등이 명시되어 있거나 관례로 계속 지급하여온 사실이 인정되는 경우 그 상여금의 지급이 법적인 의무로서 구속력을 가지게 되어 이때에는 근로제공의 대가로 인정되는 것이므로 이는 임금으로 취급하여야 할 것이다. 그러므로 지급되는 상여금은 지급횟수(예를 들어 연 1회 또는 4회 등)를 불문하고 평균임금 산정기초에 산입한다.

② 상여금은 근로자가 지급받았을 당해 임금지급기일만의 임금으로 취급하여 일시에 전액을 평균임금 산정기초에 산입할 것이 아니고 평균임금을 산정하여야 할 사유가 발생한 때 이전 12개월 중에 지급받은 상여금 전액을 그 기간 동안의 근로 개월 수로 분할 계산하여 평균임금 산정기초에 산입한다. 근로자가 근로를 제공한 기간이 1년 미만인 경우에는 그 기간 동안 지급받은 상여금 전액을 해당 근로 개월 수로 분할 계산하여 평균임금 산정기초에 산입한다.

4. 평균임금 산정

가족수당은 회사에게 그 지급의무가 있는 것이고 일정한 요건에 해당하는 근로자에게 일률적으로 지급되어 왔다면 이는 임의적 · 은혜적인 급여가 아니라 근로에 대한 대가의 성질을 가지는 것으로 임금에 해당한다. 하지만, 평균임금에 포함되는 임금은 기본급, 직책수당, 자격수당, 상여금이며, 가족수당의 경우 부양가족 수에 따라 차등 지급되는 복리후생적 성격의 금품으로 평균임금에 포함되지 않는 것으로 판단된다.

① 3개월간 임금총액

1) 상여금 계산 : (300만원 × 4) / 12개월 = 월 100만원

2) 산정 : [300만원(기본급) + 30만원(직책수당) + 20만원(자격수당) + 100만원(상여금)] × 3개월 = 13,500,000원

② 사고일 이전 3개월간의 총일수 : 90일(1월, 2월, 3월)

③ 평균임금 산정

13,500,000원(3개월간 임금총액) / 90일(사고일 이전 3개월간 총일수) = 150,000원

5. 재해보상금 산정

① 유족급여 : 150,000원(평균임금) × 1,300일분 = 195,000,000원

② 장의비 : 150,000원(평균임금) × 120일분 = 18,000,000원

04. 선원근재보험(승선 직무상재해)

근로자 A은 어업 활동 중 조업을 위해 어망 투망하다 밧줄에 걸려 넘어지면서 좌측 어깨관절 골절, 좌측 슬관절 골절상을 당했다. 아래 사항을 참고하여 A의 보상책임을 산출하시오.

[계약사항]

- 보험종목 : 선원근재보험
- 계약자 및 피보험자 : (주)서울해운

[특약사항]

1) 재해보상책임특별약관
2) 사용자배상책임특별약관 가입
- 보상한도 : 1인당 2억원 / 1사고당 5억원
- 보험기간 : 2025. 1. 1. ~ 2025. 12. 31.

[산정 기초사항]

- 사고일 : 2025. 3. 30.
- 승선 통상임금(부보임금) : 월 300만원(1개월은 30일로 한다.)
- 시중노임단가 : 100,000원(월 20일)
- 기왕치료비 : 500만원
- 산재 장해보상 : 11급(220일)
- 노동능력상실률: 맥브라이드 장해 : 좌측 어깨 관절 장해 : 20% 영구장해, 좌측 슬관절 장해 : 10%

[영구장해]

- 치료기간 2025. 3. 30. ~ 2025. 12. 31.
- H계수 : 사고일부터 ~ 치료시까지 9개월 : 20H
  - 사고일부터 ~ 정년까지 80개월 : 80H
  - 사고일부터 ~ 가동기간까지 160개월 : 130H
- 위자료 : 1억
- 근로자 과실 : 20%

📋 1. 재해보상책임(WC) 보험금 산정

　① 요양보상 : 500만원

　② 상병보상

　　㉠ 사고 ~ 4개월까지 : 300만원 × 4개월 × 100% = 12,000,000원

　　㉡ 4개월 이후 : 300만원 × 5개월 × 70% = 10,500,000원

　　　(4개월까지 통상임금 전액, 4개월 초과 통상임금 70%)

　　㉢ 합계 : 22,500,000원

　③ 장해보상

　　300만원/30일 × 220일(산재 11급 일시금) = 22,000,000원

　④ 지급보험금(WC)

　　5,000,000원 + 22,500,000원 + 22,000,000원 = 49,500,000원

2. 사용자배상책임(EL)보험금

　① 휴업손해(치료기간까지)

　　3,000,000원 × 100% × 20(H) = 60,000,000원

　　㉠ 손익상계 60,000,000원 - 22,500,000원 = 37,500,000원

　　㉡ 과실상계한 금액 37,500,000원 × (1-20%) = 30,000,000원

　② 일실손해

　　→ 복합장해율계산 :

　　(1) 20% + (100-20) × 10% = 28%

　　　㉠ 치료종료일부터 정년까지

　　　　3,000,000원 × 28% × 60(H80 - H20) = 50,400,000원

　　　㉡ 정년시부터 가동기간까지

　　　　100,000 × 20일 × 28% × 50(H130 - H80) = 28,000,000원

　　　㉢ 손익상계

　　　　78,400,000원(50,400,000원 + 28,000,000원) - 22,000,000원(장해보상) = 56,400,000원

　　　㉣ 과실상계한 금액

　　　　56,400,000원 × (1-20%) = 45,120,000원

　③ 위자료

　　1억 × 28% × [1-(20% × 0.6)] = 24,640,000원

　④ 최종 지급보험금(EL)

　　30,000,000원 + 45,120,000원 + 24,640,000원 = 99,760,000원 〈 1인당 2억원

05. 선원근재보험 (승무 중 직무 외 재해, 비업무상재해확장 추가특약)

주) 서울해운은 보험회사와 아래와 같이 2020년부터 2023년까지 근재보험계약을 갱신하여 체결하였으며, 이 기간 재해가 발생한 선원근로자들은 아래와 같다.

[보험계약사항]
- 보험종목 : 선원근로자재해보장책임보험
- 영위업종 : 여객, 화물 운송업
- 가입사항 : 재해보상책임 특약 / 비업무상재해확장 추가특약
  사용자배상책임 특약 : 보상한도액 1억원 / 1인당
- 보험기간(갱신) : 2020. 1. 1. ~ 2023. 12. 31

[보험금산정 기초사항]
① 박○○
- 사고내용 : 박○○는 기항지에서 퇴근 후 숙소에서 휴식 중 심한 두통과 구토가 동반되어 2021. 9. 1. 사업주의 허락을 받고 귀국하여 요양 중 2021. 11. 1. 증상이 악화되어 직무 외 원인에 의하여 뇌경색을 진단받고 지속적인 요양치료를 받다가 2023. 6. 1. 병증이 악화되어 사망하였다.
- 사고 전 3개월 임금
  6월 : 3,400,000원 / 7월 : 3,600,000원 / 8월 : 3,800,000원
- 월 일수는 30일로 통일
- 통상임금 : 100,000원(월 3,000,000원)
- 요양기간 치료비 : 매월 200만원

② 김○○
- 사고내용 : 김○○는 2020. 1. 1. 기항지에서 선장 및 동료들과 저녁식사 후 선내에서 사용할 물품을 구입하고 배로 돌아오던 중 동료 근로자의 음주운전으로 인한 단독전복사고로 뇌출혈 진단을 받았다. 사고 후 사지마비 증상으로 요양치료 중 2년 내 완치가 불가능하여 치료기간이 2년이 경과한 시점에 일시보상을 받았다. 이후 김○○은 뇌출혈 상해로 인한 호흡곤란 합병증으로 요양 중 2022. 10. 01 사망하였다. 김○○의 유족은 생계를 같이하는 사실혼 관계의 배우자와 출생 자녀이다.
- 치료비 및 간병비 : 50,000,000원
- 승선평균임금(실제임금) : 120,000원(월 3,600,000원)
- 통상임금 : 100,000원(월 3,000,000원)
- 시중노임단가(보통인부) : 월 2,000,000원
- 노동능력상실률 : 100%
- H계수
  1) 사고일 ~ 근로계약종료일 : 2020. 01. 01 ~ 2020. 11. 30 : 11개월 (H계수 : 10)
  2) 사고일 ~ 치료종결일 : 2020. 01. 01 ~ 2021. 12. 31 : 24개월 (H계수 : 20)
  3) 사고일 ~ 사망일 : 2020. 01. 01 ~ 2022. 9. 30 : 33개월 (H계수 : 30)
  4) 사고일 ~ 가동종료일 : 2020. 01. 01 ~ 2024. 8. 31 : 56개월 (H계수 : 50)
- 피해자 과실(음주운전 동승) : 20%
- 위자료 : 1억원 기준
- 일실퇴직금은 고려치 않음

③ 최○○

- 사고내용 : 최○○은 2022. 1. 1. 기항지에서 상륙기간 중 해상에서 수영을 즐기다가 파도에 휩쓸려 행방불명(1개월 경과)되었다.
- 승선평균임금(실제임금) : 120,000원(월 3,600,000원)
- 통상임금 : 100,000원(월 3,000,000원)

1) 피보험자의 법률상 책임 및 보험자의 보상책임을 검토하고, 지급보험금을 산정하시오.

답 1. 박○○

① 피보험자의 법률상 책임

주)서울해운 : 선원법에 따른 재해보상책임 있음 (승무 중 직무 외 재해에 해당)

민법상 사업주의 과실에 따른 배상책임은 발생하지 않음

② 보험자의 보상책임

피보험자와의 보험계약상 선원과 해외 근로자에게 적용되는 비업무상재해 확장 추가특별약관에서는 피보험자의 근로자에게 생긴 비업무상의 신체의 상해 또는 질병에 대하여도 업무(직무)상의 재해와 동일한 방법으로 보상한다. 한편, 뇌혈관 질환 및 이로 인하여 생긴 손해는 특약 상 면책에 해당되나, 재해보상책임 특별약관상 선원법 적용 근로자의 경우 선원법에서 정한 재해보상금액이 보상되므로 보험자는 재해보상책임 특별약관에 따라 승무 중 직무 외 재해에 대해 보상책임이 있다.

③ 보험금 산정(재해보상책임 특약) : 승무 중 직무 외 재해

1) 승선평균임금 산정

(1) 사고 전 3개월간 임금총액 및 총 일수

- 6월분 : 3,400,000원 (30일)
- 7월분 : 3,600,000원 (30일)
- 8월분 : 3,800,000원 (30일)

(2) 승선평균임금 : (3,400,000원 + 3,600,000원 + 3,800,000원) / 90일 = 120,000원

2) 요양보상(승무중 직무외 재해) : 2,000,000원 × 3개월 = 6,000,000원 (3개월 이내의 치료비 전액)

3) 상병보상(승무중 직무외 재해) : 3개월 이내 통상임금 70%

3,000,000원(월 통상임금) × 70% × 3개월 = 6,300,000원

4) 유족보상(승무중 직무외 재해) : 승선평균임금 1,000일분(면책)

승무 중 직무 외의 원인으로 인한 부상 또는 질병으로 요양하는 중에 사망한 경우란 어선원 등이 승무중 직무외의 원인에 의하여 발생한 부상 또는 질병으로 요양하다가 요양개시일로부터 3개월 이내에 사망한 경우를 의미한다(대법원 2018두43774 판결). 따라서 대법원 판례에 따라 보상책임이 없다.

5) 장제비 : 승선평균임금 120일분

→ 장제비는 직무상 재해, 승무 중 직무 외 재해 구분 없이, 재해로 인한 사망인 경우 동일하게 보상한다.

120,000원 × 120일분 = 14,400,000원

6) 합계 : 6,000,000원 + 6,300,000원 + 14,400,000원 = 26,700,000원

구분	육상근로자 재해보상 (국내/해외)	육상근로자 재해보상확장 (국내/해외)	선원근로자재해보상	
근거 법	근로기준법	산재보험법	선원법	
			직무상재해	승무 중 직무외 재해
요양보상	치료비 전액		치료비 전액	3개월 이내의 치료비 전액
휴업보상 (상병 보상)	평균임금 60%	평균임금 70%	① 4개월까지 통상임금 전액 ② 4개월초과 통상임금 70%	3개월 이내의 통상 임금 70%
장해보상	평균임금 1,340일분(1급) - 50일분(14급)	평균임금 1,474일분(1급) - 55일분(14급)	승선평균임금 1,474일분(1급) - 55일분(14급)	
유족보상	평균임금 1,000일분	평균임금 1,300일분	승선평균임금 1,300일분	승선평균임금 1,000일분
장의 비 (장제비)	평균임금 90일분	평균임금 120일분	승선평균임금 120일분	
일시보상	평균임금 1,340일분	평균임금 1,474일분	승선평균임금 1,474일분	
행방불명 보상			통상임금 1개월분 + 승선평균임금 3개월분	

2. 김○○

① 피보험자의 법률상 책임

1) 직무수행성 및 사용자의 재해보상책임

선원법에 규정된 '직무' 란 근로기준법에 규정된 '업무' 보다 넓은 개념으로서, 선원의 '직무상 재해' 는 선원으로서 직무 종사 중에 그로 인하여 발생한 재해와 선원의 직무에 내재하거나 이에 통상 수반하는 위험의 현실화라고 볼 수 있는 재해를 포함하는데, 선원들이 제공하는 해양근로의 특수한 성질에 비추어 볼 때 선내에서 이루어지는 일체의 행위는 물론 기항지에서 식사, 물품구입 등 사회통념상 허용되는 행위를 하는 경우도 직무수행성이 인정된다. 따라서 사안의 경우 직무수행 중 발생한 사고로 상해를 입은 것이므로 (주)서울해운은 직무상 재해에 따른 재해보상책임이 있다.

2) 사용자의 배상책임

사안의 경우 직무수행 중 직원의 음주운전으로 인하여 발생한 사고인 바, 음주운전자인 동료근로자의 민법 제750조 일반불법행위책임에 대해 사용자인 (주)서울해운은 피용자의 선임·감독상 과실에 따른 민법 제756조 사용자책임 및 사용자로서 근로자에 대한 안전배려의무를 위반에 따른 민법 제390조 계약책임에 따라 법률상 손해배상책임이 발생한다.

② 보험자의 보상책임
- 선원근재보험은 일정한 선박에 승선하는 선원이 업무상 재해를 입은 경우 사업자(선주)가 부담하여야 할 선원법상의 재해보상책임과 민법상 선박소유(관리)자의 과실에 따라 추가로 부담하여야 할 배상책임손해를 보상하는 보험이다.
- 사안의 경우 직무상 재해에 해당하므로 피보험자의 선원법상 재해보상책임에 의거 보험사는 피보험자와의 보험계약에 따른 보상책임이 있다.

③ 면책손해 해당여부

근재보험 보통약관에서 무면허운전 또는 음주운전 중에 생긴 손해는 면책이다. 다만, 이 경우 그 근로자가 입은 손해에 한정된다. 따라서 사안의 경우 동료근로자의 음주운전 중 입은 김○○의 손해는 면책손해에 해당하지 않는다.

④ 일시보상과 보험자의 책임면제

선박 소유자는 직무상 재해로 인하여 요양보상과 상병보상을 받고 있는 선원이 2년이 지나도 그 부상이나 질병이 치유되지 아니하는 경우에는 산재보험법에 따른 제1급의 장해보상에 상당하는 금액을 선원에게 한꺼번에 지급함으로써 직무상 재해에 해당하는 요양보상, 상병보상 또는 장해보상에 따른 보상책임을 면할 수 있다. 한편, 선원법에서는 근로기준법과 같이 사업자의 모든 재해보상책임을 면하도록 규정하고 있지 아니하다. 즉, 유족보상과 장제비에 대한 책임면제 규정이 없으므로 일시보상 후에도, 재해로 인하여 사망한 경우에는 유족보상과 장제비가 추가로 지급되어야 한다.

⑤ 보험금 산정

1) 재해보상책임 특약 : 직무상 재해

  (1) 요양보상 : 50,000,000원

  (2) 상병보상(직무상 재해)

    가. 4개월 까지 : 통상임금 전액

      3,000,000원 × 4개월 = 12,000,000원

    나. 4개월 이후 : 통상임금 70%

      3,000,000원 × 70% × 20개월(2년 - 4개월) = 42,000,000원

    다. 합계 : 12,000,000원 + 42,000,000원 = 54,000,000원

  (3) 일시보상(직무상 재해) : 승선평균임금 1,474일분

    120,000원 × 1,474일분 = 176,880,000원

  (4) 유족보상(직무상 재해) : 승선평균임금 1,300일분

    120,000원 × 1,300일분 = 156,000,000원

  (5) 장제비 : 승선평균임금 120일분

    120,000원 × 120일분 = 14,400,000원

  (6) 지급보험금(WC)

    50,000,000원 + 54,000,000원 + 176,880,000원 + 156,000,000원 + 14,400,000원

    = 451,280,000원

  (7) 수급권자별 지급보험금

    해상근로자의 경우에는 선원법 시행령에 따라 사망에 따른 재해보상금. 즉, 유족보상 뿐만 아니라, 장제비와 행방불명보상을 포함하여 수급권자가 적용되며, 배우자, 부모, 자녀가 동순위자로서 공동 수급권자가 된다. 따라서 생계를 같이하는 사실혼 배우자와 출생자녀는 사망에 따른 재해보상금을 균분하여 수급한다.

2) 사용자배상책임 특약
  (1) 휴업손해
     가. 사고일부터 근로계약종료일
        3,600,000원 × 100% × 10(H계수) = 36,000,000원
     나. 근로계약종료일 이후부터 치료종결일
        2,000,000원 × 100% × 10(20 - 10) = 20,000,000원
     다. 합계 : 36,000,000원 + 20,000,000원 = 56,000,000원
     라. 손익상계 : 56,000,000원 - 54,000,000원(상병보상) = 2,000,000원
     마. 손익상계 후 과실상계 = 160만원
  (2) 상실수익액
     가. 치료종결일 이후부터 사망일
        가) 산정 : 2,000,000원 × 100% × 10(30 - 20) = 20,000,000원
        나) 손익상계 : 20,000,000원 - 176,880,000원(일시보상) = 0원
        다) 손익상계 후 과실상계 = 0원
     나. 사망일 이후부터 가동종료일
        가) 산정 : 2,000,000원 × 2/3 × 20(50 - 30) = 27,000,000원
        나) 손익상계
     다. 근로자재해보장책임보험
        가) 자녀의 유족보상 지분 : 156,000,000원 × 1/2 = 78,000,000원
        나) 상속 후 공제 : 27,000,000 - 78,000,000원(유족보상 자녀 지분) = 0원
           유족보상 수급권자(1/2)인 사실혼 배우자는 민법상 상속권자가 아니며, 자녀가 단독 상속권자
           이므로 자녀가 수급권자로서 보상받은 유족보상금(1/2)에 대해 손익상계 한다.
  (3) 장례비
     가. 자녀의 장제비 지분 : 14,400,000원 × 1/2 = 7,200,000원
     나. 손익상계 : 5,000,000원 - 7,200,000원(장제비) = 0원
  (4) 위자료 : 1억원 × [1 - (6/10 × 20%)] = 88,000,000원
  (5) 지급보험금(EL) : 0원 + 1,600,000원 + 88,000,000원 = 89,600,000원

3. 최○○
  ① 피보험자의 법률상 책임
     승무중이란 업무수행여부를 떠나서 선원이 승선하고 있는 일체의 기간을 말한다. 기항지에서의 상륙기간,
     승하선에 수반되는 여행기간뿐만 아니라, 휴무와 관련하여도 휴무기간 중에 승선 하고 있는 일체의 기간, 휴
     무를 마치고 선박으로 복귀하는 여행기간은 물론, 비록 휴무기간이 완료되기 전이더라도 배로 복귀하는 기
     간도 이에 포함하는 개념이다. 따라서 최○○은 직무외 원인으로 발생한 행방불명사고이므로 승무중 직무
     외 재해에 해당되어 (주)서울해운은 선원법상 재해보상책임이 있다.
  ② 보험자의 보상책임
     피보험자와의 보험계약상 선원에게 적용되는 비업무상재해 확장 추가특별약관에서는 피보험자의 근로자에게
     생긴 승무중 직무외의 원인에 의한 부상 또는 질병에 대하여도 직무상의 재해와 동일한 방법으로 보상한다.

③ 보험금 산정(비업무상재해확장 추가특약) : 직무상 재해
　1) 행방불명보상 : 1개월 통상임금 + 3개월 승선평균임금
　　3,000,000원 + (3,600,000원 × 3) = 13,800,000원
　2) 유족보상(직무상 재해) : 승선평균임금 1,300일분
　　120,000원(승선평균임금) × 1,300일분 = 156,000,000원
　3) 장제비 : 승선평균임금 120일분
　　120,000원 × 120일분 = 14,400,000원
　4) 합계 : 13,800,000원 + 156,000,000원 + 14,400,000원 = 184,200,000원

06. 국내근재보험(상속 후 공제)

> (주) 한국건축은 신축아파트공사 시행자로서 현장을 지휘 · 감독하면서 서울건설(주)에 철골공사, 인천건설(주)에 철근콘크리트공사를 각각 도급 주었다. 2023. 6. 1. 인천건설(주)가 임차한 삼성 중기 소속 홍길동이 콘크리트살포기로 작업 중 서울건설(주)소속 철근공 근로자 박○○과 김○○을 충격하여 박○○은 현장에서 사망하고, 김○○은 요추에 상해를 입었다. 피재자들의 사용자인 서울건설(주)는 현장작업을 지휘 · 감독하였으며 위험한 작업현장에 안전교육과 안전시설도 설치하지 않고 공사현장에 직원을 투입하여 작업을 하다 사고가 발생하였다.

[보험계약사항]
- 보험 종목 : 국내 근로자재해 보상책임보험(사용자배상책임 특약)
- 보험계약자 / 피보험자 : (주) 서울건설
- 보상한도액 : 1인당 2억원
- 보험기간 : 2023. 01. 01 ~ 2023. 12. 31

[보험금 산정 기초사항]
① 박○○
- 생년월일 : 1969. 06. 01
- 산재평균임금(실제임금) : 100,000원
- 시중노임단가(철근공) : 120,000원
- 호프만계수
  - 사고일 ~ 근로계약까지(2023. 06. 1 ~ 2023. 11. 30 : 6개월) : 5(H계수)
  - 사고일 ~ 가동종료까지(2023. 06. 1 ~ 2034. 05. 31 : 132개월) : 105(H계수)
- 산재보험 보상급여내역
  - 유족급여 : 100,000원 × 1,300일분 = 130,000,000원
  - 장의비 : 100,000원 × 120일분 = 12,000,000원
- 피해자 과실 : 0%
- 박○○의 유족 : 생계를 같이하고 있던 모와 생계를 같이 하지 아니하던 배우자가 있다.

② 김○○

- 생년월일 : 1968. 03. 01
- 산재평균임금(실제임금) : 100,000원
- 시중노임단가(철근공) : 120,000원
- 시중노임단가(보통인부) : 100,000원
- 진단명 : 요추골절로 인한 하반신마비
- 노동능력상실률 : 100%
- 향후 개호인원 및 시간 : 1인 / 8시간
- 산재 비급여 향후치료비 현가액 : 5,000,000원
- 호프만계수
  1) 사고일 ~ 입원치료(근로계약)종결까지(2023. 06. 1 ~ 2023. 11. 30 : 6개월) : 5(H계수)
  2) 사고일 ~ 가동종료까지(2023. 06. 1 - 2033. 02. 28 : 117개월) : 95(H계수)
  3) 사고일 ~ 추정여명까지(2023. 06. 1 ~ 2045. 02. 28 : 261개월) : 185(H계수)
- 산재보험 보상급여내역
  1) 요양급여 : 치료비 전액(요양기간 간병비 포함)
  2) 휴업급여 : 100,000원 × 180일분 × 70/100 = 12,600,000원
  3) 장해급여 : 100,000원 × 1,474일분(1급) = 147,400,000원
  4) 간병급여 : 상시 간병급여 대상(1일) : 50,000원
  ※ 위자료 산정기준 1억원
  ※ 피해자 과실 20%, 월 일수 30일 적용, 일실퇴직금 고려치 않음.

1) 법률상 손해배상책임을 검토하고 보험자의 보상책임 및 피해자 별 지급보험금(EL)을 산정하시오.

답 1. 법률상 손해배상책임

[근로자재해보장책임보험]

① (주) 한국건축

(주) 한국건축은 도급인으로서 민법 제757조는 도급인은 수급인의 사용자가 아니라는 주의적 조항이며, 사실상 지휘 · 감독관계가 있으면 민법 제757조는 배제되고 민법 제756조에 의해 도급인은 사용자책임을 진다. 사안에서 (주)한국건축은 수급인인 인천건설(주)에 대해 사용자의 지위에 있었으므로 피재자들에 대해 피용자의 선임 · 감독상의 과실에 따른 민법 제756조의 사용자책임이 있다.

② 홍길동, 삼성중기 및 인천건설(주)

중기를 운전자와 함께 임차하여 자신의 현장 감독 아래 작업을 하게 하였다면 중기의 운전자가 임차인의 직접적인 피용자는 아니라 하더라도 임차인은 중기운전자를 감독하는 자의 위치에 있어 중기 운전자의 불법행위에 대하여 사용자책임을 진다. 즉, 중기운전자 홍길동은 피재자들에 대해 운전부주의에 따른 민법 제750조의 일반불법행위책임, 중기소유자인 삼성중기는 피용자의 선임 · 감독상 과실에 따른 민법 제756조의 사용자책임이 있으며, 인천건설(주) 또한 중기를 운전자 홍길동과 함께 임차하여 현장을 지휘 · 감독한 자로서 피해자들에 대해 민법 제756조의 사용자책임이 있다.

③ (주) 서울건설

근로자와 근로계약에 따른 신의칙상 부수의무로서 근로자에 대하여 보호의무를 부담한다. 즉, 안전한 작업 여건을 제공하지 아니한 안전배려의무를 위반하여 근로자에게 업무상 재해가 발생하였으므로 (주) 서울건설은 피재 근로자들에 대해 재해보상책임 및 민법 제390조의 채무불이행책임(계약책임)이 있다.

2. 보험사의 보상책임 및 구상권

- 근재보험 사용자배상책임(EL) 특약은 근로자가 업무상의 재해를 입은 경우 사용자가 산재보험법상의 재해보상책임을 초과하여 부담하게 되는 민법상 손해배상책임을 담보하는 보험이다.
- 보험사는 (주) 서울건설의 근로자인 피재자들에 대해 보상한도액내에서 보상책임을 진다.
- 사용자의 손해배상책임은 중기 운전자의 불법행위에 따른 손해배상책임과 부진정연대채무관계인 바, (주) 서울건설은 중기운전자 홍길동, 중기소유자 삼성중기 및 인천건설(주)에 대하여 구상권을 행사할 수 있다. 따라서 피재자의 손해를 보상한 보험사는 공동불법행위자 내부관계의 책임분담비율에 따라 구상권을 행사할 수 있다.

3. 근로복지공단의 구상권

근로복지공단은 제3자의 행위에 따른 재해로 보험급여를 지급한 경우에는 그 급여액의 한도 안에서 급여를 받은 자의 제3자에 대한 손해배상청구권을 대위한다.

4. 보험금(EL) 산정

① 박○○

1) 일실수익

(1) 사고일로부터 근로계약만기일까지 (2023. 6. 1 ~ 2023. 11. 30)

100,000원 × 30일 × 2/3 × 5(H계수) = 10,000,000원

(2) 근로계약만기일 이후부터 가동종료일까지 (2023. 06. 1 ~ 2034. 05. 31)

120,000원 × 20일 × 2/3 × 100(105-5) = 160,000,000원

(3) 소계 : 10,000,000원 + 160,000,000원 = 170,000,000원

(4) 손익상계(상속후 공제)

가. 상속지분

가) 모 : 170,000,000원 × 1/2.5 = 68,000,000원

나) 배우자 : 170,000,000원 × 1.5/2.5 = 102,000,000원

나. 상속후 공제 : 68,000,000원 - 130,000,000원(유족급여) = 0원

다. 손익상계 후 금액 : 102,000,000원(배우자)

- 유족급여 수급권자는 생계를 같이한 모
- 일실수입 상속권자는 직계존속인 모(1/2.5)와 배우자(1.5/2.5)
- 재해보상과 민사배상 간의 상호보완관계에 대하여 상속 후 공제설을 취하므로 일실수입 손해배상청구권을 먼저 상속시킨 후 상속인 중 수급권자가 있으면 그 자의 상속분에서 수급액을 공제할 뿐 다른 상속인에게 영향이 없다.

2) 장례비 : 5,000,000원 - 12,000,000원(장의비) = 0원

3) 위자료 : 1억 원

4) 합계 : 102,000,000원(일실수익) + 0원 + 1억원(위자료) = 202,000,000원 ≤ 2억원 보상한도액

5) 지급보험금 : 2억원

② 김○○

1) 일실수익

(1) 휴업손해(치료기간 일실수익)

가. 사고일 ~ 입원치료(근로계약)종결일까지(2023. 06. 01 ~ 2023. 11. 30)

100,000원 × 30일 × 100% × 5(H계수) = 15,000,000원

나. 손익상계 : 15,000,000원 - 12,600,000원(휴업급여) = 2,400,000원

다. 과실상계 : 2,400,000원 × (1-20%) = 1,920,000원

(2) 상실수익액 (치료종결 후 일실수익)

가. 사고일 ~ 가동종료일까지(2023. 06. 1 ~ 2033. 2. 28)

120,000원 × 20일 × 100% × 90(95-5) = 216,000,000원

나. 손익상계 : 216,000,000원 - 147,400,000원(장해급여) = 68,600,000원

다. 과실상계 : 68,600,000원 × (1-20%) = 54,880,000원

(3) 일실수익 합계 : 1,920,000원 + 54,880,000원 = 56,800,000원

2) 개호비(향후) : 사고일 ~ 추정여명까지 (2023. 06. 01 ~ 2045. 02. 28)

(1) 산정

100,000원(도시일용) × 30일 × 1인 × 180(185-5) = 540,000,000원

(2) 간병급여 : 50,000(상시) × 30일 × 180(185-5) = 270,000,000원

(3) 손익상계 : 540,000,000원 - 270,000,000원 = 270,000,000원

(4) 과실상계 : 270,000,000원 × (1-20%) = 216,000,000원

3) 산재 비급여 치료비 : 5,000,000원 × (1-20%) = 4,000,000원

4) 위자료 : 1억원 × 100% × [1-(6/10 × 20%)] = 88,000,000원

5) 합계 : 56,800,000원(일실수익) + 216,000,000원(개호비) + 4,000,000원(산재 비급여) + 88,000,000원(위자료) = 364,800,000원 ≦ 2억원 보상한도액

6) 지급보험금 : 2억원

③ 지급보험금 합계

2억원(박○○) + 2억원(김○○) = 4억원

PART 3

제3보험 이론과 실무
후유장해, 실손의료비보험
사례문제

01. 다음 (   ) 안에 들어갈 말을 쓰시오.

> [눈의 장해]
>
> 1. 안구운동장해 판정 : 외상 후 (가   ) 평가
>
> 2. 안구 조절기능 장해 : (나   ) 이상 시 장해 평가하지 않는다.
>
> 3. 안면부의 추상과 눈꺼풀에 뚜렷한 결손을 남긴 때의 장해가 중복 될 때 피보험자에게 (다   )을 적용한다.
>
> 4. 한눈의 교정 시력이 0.02이하로 된 때의 장해 평가 방법 (라   )이 있다.

답 가 : 1년,   나 : 50세,   다 : 유리한 것,   라 : 안전수지, 안전수동

02. 다음 (   ) 안에 들어갈 말을 쓰시오.

	심한 장해	뚜렷한 장해	약간의 장해
씹어먹는 기능장해	1. 심한 개구운동제한 2. 물 또는 이에 준하는 음료	1. 뚜렷한 개구운동 제한 2. 미음 3. 개구운동 (가) 이하 4. 부정교합 1.5cm이상 5. 1개 이하 치아만 교합 6. 연하장해, 연식섭취	1. 고형식 섭취 2. 개구운동 (나) 이하 3. 부정교합 1cm이상 4. 양측 1개, 편측 2개이하 치아교합

답 가 : 1cm이하

　　나 : 2cm이하

03. 다음 (   ) 안에 들어갈 말을 쓰시오.

말하는 장해	심한장해	뚜렷한장해	약간의장해
자음정확도	(가)미만	50% 미만	(다)
언어평가상 표현언어지수	전실어증, 운동성실어증, 의사소통불가	(나)미만	65미만

답 가 : 30%

　나 : 25미만

　다 : 75%미만

04. 다음 (   ) 안에 들어갈 말을 쓰시오.

	뚜렷한 추상(추한 모습)	약간의 추상(추한 모습)
얼굴	1) 손바닥 크기 1/2 이상의 추상(추한 모습) 2) 길이 10cm 이상의 추상 반흔(추한 모습의 흉터) 3) 지름 5cm 이상의 조직함몰 4) 코의 1/2 이상 결손	1) 손바닥 크기 (가)의 추상(추한 모습) 2) 길이 (나) 이상의 추상반흔(추한 모습의 흉터) 3) 지름 (다) 이상의 조직함몰 4) 코의 (라) 이상 결손
머리	1) 손바닥 크기 이상의 반흔(흉터) 및 모발결손 2) 머리뼈의 손바닥 크기 이상의 손상 및 결손	1) 손바닥 크기 (마) 이상의 반흔(흉터) 및 모발결손 2) 머리뼈의 손바닥 크기 1/2 이상의 손상 및 결손
목	손바닥 크기 이상의 추상(추한 모습)	손바닥 크기 (바) 이상의 추상(추한 모습)

답 가 : 1/4 이상

　나 : 5cm

　다 : 2cm

　라 : 1/4

　마 : 1/2

　바 : 1/2

05. 다음 (   ) 안에 들어갈 말을 쓰시오.

구분	심한 장해	뚜렷한 장해	약간의 장해
운동 장해	1. 4개 이상의 척추체 유합, 고정 2. 두개골과 제1경추, 제2경추 　유합, 고정	1. (　가　)의 척추체 유합, 고정 2. 두개골과 제1경추, 제1경추와 　제2경추 유합, 고정 3. 이상전위 상태	1. 2개의 척추체 유합, 고정
기형 장해	1. 35°이상의 척추전만증 또는 　20°이상의척추측만증 2. 한 개의 압박률이 60% 이상, 　압박률의 합이 90% 이상	1. 15° 이상의 척추전만증 또는 　10° 이상의 척추측만증 2. 한 개의 압박률이 40% 이상, 　압박률의 합이 60% 이상	1. 가벼운척추전만증, 　척추측만증 2. 한 개의 압박률이 (　나　) 　이상, 압박률의 합이 40% 이상
추간판 탈출증	추간판을 (　다　) 이상(또는 1마디 추간판에 대해 2회 이상) 수술하고도 마미신경증후군이 발생	추간판 1마디를 수술하고도 신경 생리검사에서 명확한 신경근병 증의 소견이 지속되고 척추신경 근의 불완전 마비가 인정되는 경우	

🔲 가 : 3개

　나 : 20%

　다 : 2마디

06. 다음 (   ) 안에 들어갈 말을 쓰시오.

	완전히 기능장해	심한 장해	뚜렷한 장해	약간의 장해
운동범위	완전강직	(　가　) 이하 제한, 인공관절이나 인공 골두 삽입	1/2 이하로 제한	(　나　)이하로 제한
도수근력검사	0등급(zero)	1등급(trace)	2등급(poor)	3등급(fair)
가관절			1. 상완골에 가관절이 　남은 경우 2. 요골과 척골의 2개 뼈 　모두에 가관절이 남은 　경우	요골과 척골 중 어느 한 뼈에 가관절이 남은 경우
뼈의 기형	상완골 또는 요골과 척골에 변형이 남아 정상에 비해 부정유합된 각 변형이 (　다　) 이상인 경우			

답 가 : 1/4

　나 : 3/4

　다 : 15°

07. 다음 ( ) 안에 들어갈 말을 쓰시오

기능을 잃었을 때	심한 장해	뚜렷한 장해	약간의 장해
75%	50%	30%	15%
1. 폐, 신장, 간장 장기이식 2. (가) 3. 방광의 저장기능과 배뇨기능의 완전상실	1. 전부 절제(위, 대장, 췌장) 2. 소장, 간장 3/4절제 3. 양쪽 고환, 양쪽 난소를 모두 잃었을 때	1. 한쪽 폐 또는 한쪽 신장을 전부 절제 2. 요도루, 방광루, 요관장문합상태 3. 위, 췌장 (나) 4. 장루, 인공항문설치 5. 인공심박동기 영구설치 6. 인공요도괄약근설치	1. 방광용량 (다) 이하 2. 성생활불가 3. 지속적산소치료, 폐환기기능의 정상의 (라) 이하

답 가 : 혈액투석, 복막투석

　나 : 50%절제

　다 : 50cc

　라 : 40%

08. 다음 (   ) 안에 들어갈 말을 쓰시오.

일상생활 기본동작 제한 장해표									
(가)		(나)		(다)		목욕 (1. 세안, 양치 2. 샤워, 목욕)		옷입고, 벗기	
40	도움없이 방 안 이동	20	비위관, 위루관	20	유치도뇨관, 방광루	10	1, 2못함	10	상하의 착탈 못함
30	휠체어로 방 안 이동	15	수저사용 불가	15	뒤처리 불가, 기저귀	5	1 도움, 2 못함	5	도움 상하의 착탈
20	목발, 워커	10	젓가락 불가	10	배변 도움	3	1 가능, 2 도움	3	마무리 불가
10	난간, 100m	5	생선, 음식물 못 자름	5	2시간 요실금				

답 가 : 이동동작

　나 : 음식물섭취

　다 : 배변, 배뇨

09. 갑은 교통사고로 머리와 허리를 다쳐 아래와 같이 후유장해를 진단받았다. 후유장해의 정의와 갑의 후유장해 보험금을 구하시오. (상해보험 사망 1억원 가입, 다른 면책사항 없다고 가정)

[장해 사항]

1) 신경계 장해 : 일상생활 기본동작제한표상 : 30%

2) 정신과 장해 : CDR척도 3

3) 눈의 장해 : 좌안 10%

4) 눈의 장해 : 우안 30%

5) 척추의 장해 : 10% (한시장해 5년)

6) 후각을 완전히 상실

　• 눈의 장해는 직접 눈의 손상이 없었음, 신경계장해 파생됨

답 1. 후유장해의 정의 : 상해 또는 질병에 대하여 치유된 후 신체에 남아있는 영구적인 정신 또는 육체의 훼손상태를 말한다.

2. 후유장해 판단 기준 : 하나의 장해가 관찰 방법에 따라 2가지 이상의 신체 부위에 장해가 발생하거나 하나의
   장해에 다른 장해가 통상 파생하는 관계에 있는 경우 또는 동일한 신체부위에 2가지 이상의 장해가 발생하는
   경우에는 각 장해율을 합산하지 아니하고, 그 중 높은 지급률을 인정한다.
3. 지급률 산정
   가) 신경계와 정신계 장해는 동일 부위이기 때문에 높은 것을 산정함 : 60%
       눈의 장해는 신경계에서 파생한 것이므로 신경계장해와 눈의 장해 중 높은 것을 지급
   나) 파생장해 : 60%와 40%(좌안 10% + 우안 30% = 40%) 큰 것 : 60%
   다) 척추의 장해는 한시장해 감안 20% 지급 : 10% × 20% = 2%
   라) 후각을 완전히 상실 : 15%
   마) 60% + 2% + 15% = 77%
4. 보험금 산정 : 1억 × 77% = 7,700만원

10. 갑은 상해보험 (사망, 후유장해담보 : 1억)을 가입하고 교통사고로 아래와 같이 후유장해 진단을 받았
    다. 하지의 장해지급률 기준을 설명하고 갑의 후유장해보험금을 구하시오 (면책사항은 없다고 가정함)

[장해내용]
가) 우측 다리가 3cm 짧아짐
나) 좌측 고관절 : 완전 강직
다) 좌측 슬관절 : 심한 운동 장해
라) 좌측 족관절 : 심한 운동 장해

📑 판정기준 : 동일한 신체부위에 2가지 이상의 장해가 발생하는 경우에는 각 장해율을 합산하지 아니하고 그 중 높
   은 지급률을 인정한다.
   1) 한 다리의 3대 관절 중 관절 하나에 기능장해가 생기고 다른 관절 하나에 기능장해가 발생한 경우 지급률은 각
      각 적용하여 합산한다.
   2) 1하지(다리와 발가락)의 후유장해 지급률 합산은 60%를 한도로 한다.

> 📁 **참고**
>
> • 한 다리가 5cm 이상 짧아지거나 길어진 때 : 30%
> • 한 다리가 3cm 이상 짧아지거나 길어진 때 : 15%
> • 한 다리가 1cm 이상 짧아지거나 길어진 때 : 5%

   • 지급률의 산정 : 좌측 다리의 장해 합은 70%이지만 60%를 한도로 지급하며, 우측 하지의 장해 15%를 포함
      하여 총 75%를 인정한다.
      총 75% 인정
   • 지급보험금
      75% × 1억 = 7,500만원

11. 갑(만 47세)은 자전거를 타고 길을 가다 반대편에서 주행중인 오토바이와 충돌하여 머리를 크게 다쳐 병원에 입원했다. (갑의 과실은 30%가 산정되었다.) 이 사고로 치료 후 후유장해가 발생해 후유장해진단서를 발급받고 보험금을 청구하였다.

1. 교통재해 여부에 대하여 서술하시오.(2점)

2. 갑에게 지급할 보험금을 구하시오. (8점)
   (ADLS장해 이외의 장해는 모두 뇌손상에 의한 파생장해임, 후유장해는 영구 장해이며 다른 면책사항은 없음)

1. 계약사항
   1) 보험회사 : S 보험사
   2) 보험기간 : 2000년 1월 1일부터 2030년 12월 31일
   3) 교통재해사망 후유장해담보특약 : 3억원
   4) 일반재해사망 후유장해담보특약 : 1억원
2. 사고 내용
   1) 사고일자 : 2023년 01월 1일
   2) 피해사항 : 두개골 함몰골절 외상성 지주막하 출혈
   3) 장해 판단일자 : 2025년 1월 1일
3. 장해 사항
   1) 신경계의 장해로 일상생활 기본동작 제한 장해
      특별한 보조기구를 사용함에도 불구하고 다른 사람의 계속적인 도움이 없이는 방 밖을 나올 수 없는 상태 또는 침대에서 휠체어로 옮기기를 포함하여 휠체어 이동시 다른 사람의 계속적인 도움이 필요한 상태이다.
   2) 신경손상으로 한 귀의 청력을 완전히 잃었음
   3) 신경손상으로 코의 호흡기능을 완전히 잃었음
   4) 신경손상으로 비뇨생식기의 기능에 약간의 장해를 남김
   5) 시신경 손상으로 눈의 교정시력이 0.2이하로 됨
   6) 안구(눈동자)의 뚜렷한 조절기능장해

 1. 교통재해 여부 판정

- 생명보험에서 교통재해라 함은 사람 또는 물건을 운반하기 위하여 제작된 승용구를 말하며, 이러한 교통승용구에는 약관에서 승용차, 버스, 오토바이 및 자전거 등을 말한다.
- 피보험자가 자전거를 타고 가던 중 발생한 사고이므로 보상한다.

2. 보험금 산정

① 신경계의 장해로 일상생활 기본동작 제한 장해 : 40%

② 한 귀의 청력을 완전히 잃었을 때 : 25%

③ 코의 호흡기능을 완전히 잃었을 때 : 15%

④ 비뇨생식기 기능에 약간의 장해를 남긴 때 : 15%

   시신경 손상으로 눈의 교정시력이 0.2이하로 된 때 : 5%

⑤ 안구(눈동자)의 뚜렷한 조절기능장해 : 조절력이 정상의 1/2 이하로 감소된 경우를 말한다. 다만, 조절력의 감소를 무시할 수 있는 50세 이상(장해진단시 연령 기준)의 경우에는 제외한다.

   - 40% 와 60% (25% + 15% + 15% + 5%) 큰 것 : 60%
   - 3억원 + 1억원 = 4억원 이므로 4억원 × 60% = 2억 4천만원

12. 갑은 자신의 승용차를 운전하여 지방을 출장 가던 중 교통사고(1차사고)로 양측하지를 다쳐 병원에 입원하였다. 퇴원 후 다니는 회사를 그만두고 건설현장의 일용직으로 근무하던 중 추락 사고(2차사고)로 아래와 같이 후유장해를 진단 받았다. (상해보험 후유장해보장 1억원, 다른 사항은 고려하지 않는다.)

[1차 사고]

1) 2020. 01. 01

2) 우측 발목관절 기능 심한장해 : 20%

3) 좌측 다리 1CM이상 짧아진 상태 : 5%

[2차 사고]

1) 2025. 10.10.

2) 척추에 약간의 기형을 남김

3) 척추에 심한 운동장해 (5년 한시장해)

4) 흉복부 장기 또는 비뇨생식기 기능에 약간의 장해를 남김

5) 좌측 어깨관절 기능에 뚜렷한 장해

6) 좌측 팔꿈치관절 기능에 심한 장해

7) 우측 발목관절 기능 완전상실

[기타사항]

1) 고지의무 위반은 없음

2) 직업변경사실을 보험회사에 통지하였으나 추가할증 보험료를 아직 납입하지 못한 상태임

3) 사무실 직업급수요율 : 0.001%

4) 건설현장직 직업급수요율 : 0.003%

답 1. 후유장해율 결정 : 하나의 사고로 동일한 신체부위에 2가지 이상의 장해가 존재하는 경우 그 중 높은 지급률을 산정함이 원칙이고 장해분류표의 각 신체부위별 장해판정기준에 별도의 기준이 있는 경우에는 그에 따르고, 다른 상해로 동일한 신체부위에 장해가 가중된 때에는 최종 장해상태에 해당하는 후유장해 보험금에서 이미 지급받은 후유장해 보험금을 차감하여 보험금을 지급한다.

- 통지의무 위반으로 증가된 보험료 미 납입 시 : 보험금을 삭감하여 지급 (계약 후 알릴의무 미이행으로 봄)

2. 1차사고 25%

- 우측 발목관절 기능 심한장해 : 20%
- 좌측 다리 1CM이상 짧아진 상태 : 5%

3. 2차사고

① 등뼈장해 : 15%

- 동일 부위장해로 높은 지급률을 지급 : 15%와 8% 큰 지급률
- 척추에 약간의 기형을 남김 : 15%, 40% × 20% = 8% (5년한시) 적용

② 흉복부장기 또는 비뇨생식기 장해 : 20%

③ 좌측 팔의 장해 : 30% (10% + 20%, 각 기능장해는 합산한다.)

④ 우측 발목관절 기능 완전상실 : 30%

　30% - 20% = 10% (기왕장해 차감)

⑤ 통지의무 위반이므로 0.001/0.003 비율로 지급함

4. 후유장해 보험금

- 1차사고 2천5백만원
- 2차사고 7천5백만원 × 1/3 = 약 2,500만원

13. 피보험자 홍길동(47세)은 어렸을 때 좌 제1수지 완전 절단된 상태로 생활해 오던 중 S보험사에 보험을 가입 후 1차 사고로 다음과 같이 장해를 받았고 이후 2차 사고로 다음과 같은 장해를 받았다. 계약 당시 홍길동의 직업은 택시기사였지만 일반 사무직이라 고지의무위반을 하였고 보험계약 후 계속 택시운행을 하다 사고 남. 1차 사고는 2022년 3월 1일이 발생하였다.

1) 홍길동의 면 · 부책에 대하여 서술하시오.

📋 고지의무 위반으로 해지할 수 없고, 통지의무 위반도 아니므로 보험금을 지급해야 한다.
- 고지의무 위반 해지 여부 : 계약을 체결한 때로부터 3년이 경과하였기 때문에 해지하지 못함
- 통지의무 위반 해지 여부 : 보험기간 중에 보험계약자 또는 피보험자가 사고발생의 위험이 현저하게 변경 또는 증가된 사실을 안 때에는 지체 없이 보험자에게 통지하여야 한다. 하지만 체결시부터 사고시까지 택시기사였고 직업변경한 사실이 없으므로 판례에 의해 해지하지 못함

📁 **참고**

고지의무 위반시 해지 제한 사유

가) 보험자의 해지권은 해지의 원인을 안 날로부터 1월 또는 계약을 체결한 때로부터 3년이 경과한 때에 소멸한다.

나) '안 날'이란 단순히 의심할 만한 사유가 발생한 날을 기준으로 하지 않고 보험자가 알릴의무 위반 사실을 확실하게 알게 된 날을 기준으로 한다.

다) '보험자'가 안 날이므로 보험자가 사고조사업무를 위탁한 경우에는 위탁회사가 아닌 보험자가 조사에 따른 알릴의무 위반사실을 알게 된 날을 의미한다.

라) '1월 또는 3년'의 기간은 제척기간이다.

마) 보험자가 해지하기 위해서는 해지의 의사표시가 제척기간 내에 보험계약자에게 도달하여야 한다.

📁 **판결**

대법원 2024.6.27. 선고 2024다219766 판결

보험계약자 또는 피보험자가 고지의무를 위반함으로써 보험계약 성립 시 고지된 위험과 보험기간 중 객관적으로 존재하게 된 위험에 차이가 생기게 되었다는 사정만으로는 보험기간 중 사고 발생의 위험이 새롭게 변경 또는 증가되었다고 할 수 없다고 하였다. 즉, 보험자는 상법 제651조의 고지의무 위반을 이유로 계약을 해지할 수는 있어도 상법 제652조의 통지의무 위반을 이유로 계약을 해지할 수는 없다. 이는 고지의무 위반에 따른 해지권행사의 제척기간이 경과하여 보험자가 고지의무 위반을 이유로 계약을 해지할 수 없게 된 경우에도 마찬가지이다.

원심 : 망인과 배우자가 보험계약 체결 당시 망인의 직업을 보험사고 발생의 위험이 낮은 직업으로 고지하여 고지의무를 위반하였으나 보험기간 중에 실제 직업이 변경되지는 않았으므로 그 직업이 보험계약 체결 당시 피고에게 고지된 것과 다르더라도 상법 제652조 제1항의 통지의무를 위반하였다고 볼 수 없다고 판단하였음.

2) 홍길동의 지급보험금을 구하시오.

1. 계약일 : 2015.01.01.
2. 계약 내용
   - 보험기간 2015.01.01. ~ 2030.12.31.
   - 사망후유장해특약 가입금액 : 1억원
3. 사고 사항

구분	1차 사고	2차 사고
사고일자	2022. 03. 01	2023. 02. 04
장해 판정	2022. 10. 07	2024. 03. 05
장해 내용	• 우) 눈의 장해 (의안삽입, 영구) • 좌) 고관절 약간의 장해 (영구) • 안구(눈동자)의 뚜렷한 조절기능 장해	• 좌) 손목의 절단상태 • 좌) 고관절의 뚜렷한 장해 • 좌) 족관절의 약간의 장해(3년한시) 뚜렷한 추간판탈출증(5년한시) • 일상생활기본동작(ADLS)제한 장해 8% • CDR척도 2점

1. 1차 사고보험금 결정

   ① 눈의 장해 : 50% + 5%(추상장해) = 55%

   고관절의 장해 : 5%

   ② 보험금의 계산

   1억 × 60% = 6,000만원

   ③ 안구(눈동자)의 뚜렷한 조절기능장해 면책(50세부터 인정)

2. 2차사고보험금 결정

   ① 손목의 절단은 60%이지만 보험가입전에 기왕장해가 있었으므로 15%차감 : 60% – 15% = 45%

   ② 고관절의 뚜렷한 장해10% (족관절 3년한시 장해는 산정하지 않음)이지만 1차사고 기왕장해율 차감 : 10% –5% = 5%

   ③ 척추의 뚜렷한 장해는 15%이지만 5년 한시 장해이므로 20%를 인정함 : 15% × 20% = 3%

   ④ 정신과 장해는 10%~100% 인정하므로 8%는 지급 대상이 아니며, 판정일이 사고일로부터 18개월 후여서 면책된다.

   ⑤ 보험금 계산

   1억 × (45% + 5% + 3%) = 5,300만원

실손의료비보험 사례문제

01. 포괄수가제도(DRG 지불제도) 적용 질병군 4개의 진료과를 쓰시오.

안과 : 백내장수술(수정체 수술)

이비인후과 : 편도수술 및 아데노이드 수술

외과 : 항문수술(치질 등), 탈장수술(서혜 및 대퇴부), 맹장수술(충수절제술)

산부인과 : 제왕절개분만(질식분만 제외), 자궁 및 자궁부속기(난소,난관 등)수술(악성종양제외)

02. 다음 (   ) 안에 들어갈 말은?

구분	급여(주계약)	비급여 (특약)
기본방향	필수 치료인만큼 보장 확대	보험금 누수 방지 및 소비자의 합리적 의료 이용 유도(가입자간 보험 부담 형평성 제고)
보장범위	1. (가) 2. (나) 3. 치료 필요성이 인정된 피부질환 등 보장 확대	1. 도수치료 보장범위 제한 2. 비급여 주사제 보장기준 정비

가. 불임관련 질환 보장 확대 : 여성생식기의 비염증성 장애로 인한 습관성 유산, 불임 및 인공수정관련 합병증 (N96~N98)으로 발생한 의료비 중 전액 본인부담금 및 보험가입일로부터 2년 이내에 발생한 의료비

나. 선천성 뇌질환 보장 확대

03. 다음 홍길동은 고도비만(E66)으로 대학병원에서 치료를 받았다. 3세대 실손과 4세대 실손을 구하시오.

본인부담금	100만원
비급여	• 400만원 (병실차액 200만원, 영양제주사 100만원) • 대학병원에서 10일 입원 중 상급병실 5일 입원

3세대 실손 : 비만(E66)은 면책

4세대 실손 : 비만(E66) : 비급여 면책(급여보상) 100만원 × 80% = 80만원

04. 실손보험 보상하지 않는 손해 중 질병급여(한국표준질병사인분류)에 대한 설명이다. (   )안에 들어
갈 말은?

> ① 정신 및 행동장애(F04 ~ F99). 다만, (가) 관련 치료에서 발생한 「국민건강보험법」에 따른
>   요양급여에 해당하는 의료비는 보상한다.
> ② 여성생식기의 비염증성 장애로 인한 습관성 유산, 불임 및 인공수정관련 합병증 (N96 ~ N98)으로
>   발생한 의료비 중 (나) 및 보험가입일로부터 (다)년 이내에 발생한 의료비
> ③ 피보험자가 임신, 출산(제왕절개를 포함합니다), 산후기로 입원 또는 통원한 경우(O00 ~ O99)
> ④ 선천성 뇌질환(Q00~Q04). 다만, 피보험자가 보험가입당시 태아인 경우에는 보상한다.
> ⑤ 요실금(N39.3, N39.4, R32)

🔲 가. F04 ~ F09, F20 ~ F29, F30 ~ F39, F40 ~ F48, F51, F90 ~ F98

　　 나. 전액 본인부담금

　　 다. 2년

> ### 📁 참고
>
> **면책사항**
>
> 1. 3대 비급여 (도수, 체외충격파, 증식 치료, 비급여 주사료, MRI, MRA) 면책사항
>
>   가. 정신 및 행동장애(F04~F99)
>
>   나. 여성생식기의 비염증성 장애로 인한 습관성 유산, 불임 및 인공수정관련 합병증(N96~N98)
>
>   다. 피보험자가 임신, 출산(제왕절개를 포함합니다), 산후기로 입원 또는 통원한 경우(O00~O99)
>
>   라. 선천성 뇌질환(Q00~Q04)
>
>   마. 비만(E66)
>
>   바. 요실금(N39.3, N39.4, R32)
>
>   사. 직장 또는 항문 질환(K60~K62, K64)
>
> 2. 공통사항 면책사항
>
>   - 수면무호흡증(G47.3)은 보상
>   - 쌍꺼풀수술(이중검수술), 성형수술(융비술), 유방 확대(다만, 유방암 환자의 환측 유방재건술은 보상합
>   니다)·축소술, 지방흡입술, 주름살 제거술 등 미용목적의 성형수술과 그로 인한 후유증치료
>   - 사시교정, 안와격리증(양쪽 눈을 감싸고 있는 뼈와 뼈 사이의 거리가 넓은 증상)의 교정 등 시각계 수술
>   로서 시력개선 목적이 아닌 외모개선 목적의 수술
>   - 예방접종(파상풍 혈청주사 등 치료목적으로 사용하는 예방주사 제외)

05. 다음은 3대비급여에 대한 설명이다. (   )안에 들어갈 말을 쓰시오.

	도수, 체외충격파, 증식치료	비급여 주사료	비급여 MRI, MRA
보장한도	연간 (가) (50회)	연간 (나)(50회)	연간 (다)
자기부담 비율	1회당 3만원과 보상 대상 의료비 30% 중 큰 금액	1회당 3만원과 보상 대상 의료비 30% 중 큰 금액	1회당 3만원과 보상 대상 의료비 30% 중 큰 금액
특이사항	체외충격파쇄석술은 기본형에서 보상	항암제, 항생제, 희귀의 약품의 비급여 주사료는 기본형에서 보상	
하루 2회 이상 치료 및 진단시	2종류 이상 치료 또는 동일한 치료 2회 이상 시 각각 공제금액 공제	입통원 2회 이상 주사 치료 시 1회로 간주	2부위 이상 진단 또는 동일한 부위 2회시 각각 공제 금액 공제

답 가 : 350만원

　　나 : 250만원

　　다 : 300만원

06. 상해보험 면책사항 중 행위면책에 대하여 서술하시오.

답 ① 전문등반(전문적인 등산용구를 사용하여 암벽 또는 빙벽을 오르내리거나 특수한 기술, 경험,사전 훈련이 필요한 등반을 말합니다), 글라이더 조종, 스카이다이빙, 스쿠버다이빙, 행글라이딩, 수상 스키, 패러글라이딩

② 모터보트 · 자동차 또는 오토바이에 의한 경기, 시범, 행사(이를 위한 연습을 포함한다) 또는 시운전(다만, 공용 도로에서 시운전을 하는 동안 발생한 상해는 보상한다)

③ 선박에 탑승하는 것을 직무로 하는 사람이 직무상 선박에 탑승하고 있는 동안 발생한 상해

07. 상해보험 면책사항 중 행위면책외 보상하지 않는 손해에 대하여 서술하시오.

① 「국민건강보험법」에 따른 요양급여 중 본인부담금의 경우 국민건강보험 관련 법령에 따라 국민건강보험공단 으로부터 사전 또는 사후 환급이 가능한 금액(본인부담금 상한제)

② 「의료급여법」에 따른 의료급여 중 본인부담금의 경우 의료급여 관련 법령에 따라 의료급여기금 등으로부터 사전 또는 사후 환급이 가능한 금액(「의료급여법」에 따른 본인부담금 보상제 및 본인부담금 상한제)

③ 자동차보험(공제를 포함합니다)에서 보상받는 치료관계비(과실상계 후 금액을 기준으로 합니다) 또는 산재보험에서 보상받는 의료비. 다만, 본인부담의료비(자동차보험 진료수가에 관한 기준 및 산재보험 요양급여 산정 기준에 따라 발생한 실제 본인 부담의료비)는 제3조(보장종목별 보상내용) 에 따라 보상한다.

④ 「응급의료에 관한 법률」 및 동법 시행규칙에서 정한 응급환자에 해당하지 않는 자가 동법 제26조 권역응급의료센터 등 또는 「의료법」 제3조의4에 따른 상급종합병원 응급실을 이용하면서 발생한 응급의료관리료로서 전액본인부담금에 해당하는 의료비

08. 질병보험에서 보상하지 않는 질병을 서술하시오.

① 정신 및 행동장애(F04~F99). 다만, F04~F09, F20~F29, F30~F39, F40~F48, F51, F90~F98 관련 치료에서 발생한 「국민건강보험법」에 따른 요양급여에 해당하는 의료비는 보상한다.

② 여성생식기의 비염증성 장애로 인한 습관성 유산, 불임 및 인공수정관련 합병증(N96~N98)으로 발생한 의료비 중 전액본인부담금 및 보험가입일로부터 2년 이내에 발생한 의료비

③ 피보험자가 임신, 출산(제왕절개를 포함합니다), 산후기로 입원 또는 통원한 경우(O00~O99)

④ 선천성 뇌질환(Q00~Q04). 다만, 피보험자가 보험가입 당시 태아인 경우에는 보상한다.

09. 피보험자 A는 4세대 실손의료비보험을 S사에 가입하고 다음과 같이 치료를 받았다. S사에서 지급할 보험금을 구하시오. (계약면책사항 없다고 가정)

병원	병명 (상병코드)	치료기간(입원)	치료비		
			공단부담금	본인부담금	
				요양급여	비급여
병원	치핵(K64)	2023.04.01. ~ 2023.04.02	200만원	50만원	700만원
	비만(E66)	2023.04.03. ~ 2023.04.10	80만원	50만원	100만원
	요실금(N39)	2023.05.03. ~ 2023.05.06	400만원	210만원	250만원
	당뇨(E10)	2023.06.07. ~ 2023.06.15	100만원	50만원	50만원
	견관절염좌(S43.4)	2023.07.10. ~ 2023.07.22	자동차보험(1,000만원)		200만원
	족관절 좌상	2023.08.01. ~ 2023.08.15	미적용	미적용	200만원

※ 비급여는 면책사항 없다고 가정(3대비급여 없음)

답 1. 보상금 계산

　가. 치핵 : 50만원 × 80% = 40만원 (비급여 면책)

　나. 비만 : 50만원 × 80% = 40만원 (비급여 면책)

　다. 요실금 : 면책

　라. 당뇨 : 50만원 × 80% =40만원

　　비급여 : 50만원 × 70% = 35만원

　　75만원

　마. 견관절염좌 : 200만원 × 70% = 140만원 (자동차 보험으로 처리되었으므로 자동차보험 부담금은 보상되지 아니하며, 비급여 부분의 70%가 보상된다.)

　바. 족관절 좌상 : 200만원 × 40% = 80만원 (건강보험이 적용되지 아니하였으므로 본인부담금의 40%를 보상한다.)

　합계 : 375만원

10. 피보험자 A는 4세대 실손의료비보험을 S사에 가입하고 다음과 같이 치료를 받았다. S사에서 지급할 보험금을 구하시오. (계약면책사항 없다고 가정)

보험회사 (계약일자)	보험종류	보장종목	가입금액	비고
A (2022. 4. 1.) 갱신형	기본형 실손의료보험 (급여 실손의료비)	질병급여형	1천만원	4세대 실손보험
	실손의료보험 특별약관 (비급여 실손의료비)	질병비급여형	1천만원	

병원	병명(상병코드)	치료기간(입원)	공단부담금	본인부담금 요양급여	본인부담금 비급여
병원	치질(K64)	2023.04.01. ~ 2023.04.02	200만원	100만원	100만원
	비만(E66)	2023.04.03. ~ 2023.04.10	80만원	100만원	200만원
	불임(N97.0)	2023.04.09. ~ 2023.04.19	1000만원	400만원	100만원
	전두뇌류(Q01)	2023.05.03. ~ 2023.05.06	400만원	500만원	250만원
	긴장성조현병(F20.2)	2023.05.10. ~ 2023.05.20	200만원	100만원	300만원
	견관절염좌(S43.4)	2023.06.07. ~ 2023.06.15	200만원	100만원	50만원
	슬관절염좌(S83.4)	2023.07.10. ~ 2023.07.22	자동차보험(1,000만원)		200만원
	흉부 좌상	2023.08.01. ~ 2023.08.15	미적용	미적용	100만원

※ 비급여는 면책사항 없다고 가정(3대비급여 없음)

📋 1. 보상금 계산

　가. 치질 : 100만원 × 80% = 80만원 (비급여 면책)

　나. 비만 : 100만원 × 80% = 80만원 (비급여 면책)

　다. 불임 : 면책 (2년이내 발생한 의료비)

　여성생식기의 비염증성 장애로 인한 습관성 유산, 불임 및 인공수정 관련 합병증(N96~N98)으로 발생한 의료비 중 전액 본인부담금 및 보험가입일로부터 2년 이내에 발생한 의료비

　라. 전두뇌류(Q01) : 면책, 선천성 뇌질환(Q00~Q04) 면책

　마. 긴장성조현병 : 100만원 × 80% = 80만원 (비급여면책)

　정신 및 행동장애(F04~F99). 다만, F04~F09, F20~F29, F30~F39, F40~F48, F51, F90~F98과 관련한 치료에서 발생한 「국민건강보험법」에 따른 요양급여에 해당하는 의료비는 보상한다.

　바. 견관절염좌 : 100만원 × 80% =80만원

　　비급여 : 50만원 × 70% = 35만원

　사. 슬관절염좌 : 200만원 × 70% = 140만원 (자동차 보험으로 처리되었으므로 자동차보험 부담금은 보상되지 아니하고, 비급여부분의 70% 보상된다.

　아. 흉부좌상 : 100만원 × 40% = 40만원 (건강보험이 적용되지 아니하였으므로 본인부담금의 40%를 보상한다.)

　총 : 535만원

11. 피보험자 갑(甲)은 병원에서 입원치료 후 2023. 7. 1. 보험회사에 보험금을 청구하였다. 아래 조건을 참고하여 A보험회사의 지급보험금을 산출하시오. (단, 입원기간 ① ~ ② 순서대로 기술하시오)

1. 보험가입사항

보험회사 (계약일자)	보험종류	보장종목	가입금액	비고
A보험사 (2023. 2. 1.) 갱신형	기본형 실손의료보험(급여 실손의료비)	질병급여형	1천만원	4세대 실손보험
	실손의료보험 특별약관(비급여 실손의료비)	질병비급여형	1천만원	

2. 입원의료비 발생내역(M병원)

입원기간	병명 (질병코드)	급여		비급여	포함된 비용
		본인 부담금	공단 부담금		
① 2023. 4. 1.~ 4. 20.	제4경추부 추간판 탈출증(M51)	100 만원	500 만원	1,000 만원	• 상급병실료 차액 : 100만원(5일 사용) • 도수치료(회당 20만원×10회) : 200만원
② 2023. 6. 1. ~6. 25.	제4-5요추 추간판 탈출증(M51)	400 만원	1,000 만원	2,000 만원	• 상급병실료 차액 : 500만원(20일 사용) • 주사료(회당 20만원×10회) : 200만원 ※ 단, 항암제, 항생제(항진균제포함), 희귀 　의약품을 위해 사용된 비급여 주사료가 아님.

3. 기타 사항
- 의료비는 실제 발생한 것으로 가정하며, 유효한 정상 유지 계약으로 계약 전 알릴 의무 위반사항은 없음.
- 「국민건강보험법」에 따른 '본인부담금 상한제'는 적용하지 않는 것으로 하며, 청구 당일 보험금 지급 예정임.

답 ① 2023.4.1.~4.20.

 1. 급여 : 100만원 × 80% = 80만원

 2. 비급여 : 540만원

  1) 비급여(병차 제외) : (1,000만원-100만원-200만원) × 70% = 490만원

  2) 병차 : min[100만원×50%, 10만원×20일] = 50만원

  3) 3대 비급여(도수치료) : 3대 비급여 미가입으로 면책

  1)+2) = 540만원 보상함

② 2023.6.1.~6.25.

 1. 급여 : 400만원 × 80% = 320만원

 2. 비급여 : 365만원

  1) 비급여(병차 제외) : (2,000만원-500만원-200만원) × 70% = 910만원

  2) 병차 : min[500만원×50%, 10만원×25일] = 250만원

  1)+2) = 1,160만원 지급해야 하나, 계약해당일 이내 질병비급여 한도 1천만원을 초과하였으므로 차액

  (1,000만원-540만원 = 460만원)을 보상함

12. 피보험자 박○○은 4세대 실손의료보험을 가입하고 정상 유지 중 아래와 같이 통원치료를 받았다. 아래 조건을 참고하여 질문에 답하시오.

1. 보험가입사항

보험회사 (계약일자)	보험종류	보장종목	가입금액	비고
박○○ (2025. 04. 01.) 갱신형	기본형 실손의료보험 (급여 실손의료비)	질병급여형	입원 : 1천만원 통원 : 20만원 (1회당)	4세대 실손보험
	실손의료보험 특별약관 (비급여 실손의료비)	질병비급여형	입원 : 1천만원 통원 : 20만원 (1회당)	

※ 계약전 알릴의무 위반사항은 없으며, 본인부담금 상한제도는 적용하지 않음

※ 박○○은 국민건강보험법 적용 대상자임

2. 통원 치료 내용 (단위 : 만원)

통원일자	진료기관	진단명	요양급여		비급여
			공단부담	본인부담	
2025.05.01	F 치과의원	치주염(K05)	20만원	5만원	10만원
	G 치과병원	치주염(K05)	30만원	15만원	20만원
2025.06.01	D 한방병원	척추협착 (M48)	50만원	35만원	10만원
2025.08.01	E상급종합병원	심근경색(I21)	20만원	10만원	5만원
	E상급종합병원	정신장애(F06)	30만원	10만원	10만원

※ D한방병원은 「의료법」 제2조에 따른 한의사만 진료.

　통원일자 진료기관 진단명 (병명) 요양급여 비급여 공단부담 본인부담

3. 기타사항

- 비급여 : 「국민건강보험법」에 따라 보건복지부장관이 정한 비급여 대상.
- 3대 진료군 특약에서 보장하는 비급여 항목은 없음

1) 보험회사가 박○○에게 지급하여야 할 통원의료비를 산출하시오.(계산과정 명시할 것)

구분	4세대
통원한도	계약 해당일로부터 1년간 급여 무제한, 비급여 100회
통원공제금액	[급여] • 병의원 + 처방 MAX(1만원 또는 20%) • 종합, 상급종합병원급 + 처방 MAX(2만원 또는 20%)
	[비급여] • 외래 + 처방 MAX(3만원, 30%)

① 2025.05.01

- MAX[1만원, (5+15)만원 × 20%] = 4만원
- 총 급여 본인부담금 : 5만원 + 15만원 = 20만원
- 급여보상금액 : 20만원 − MAX(1만원, 20만원 × 20%) = 20만원 − MAX(1만원, 4만원) = 20만원 − 4만원 = 16만원

② 2025.06.01

- 35 − max[1만원, 7만원] = 28만원 → 20만원 한도
- 비급여 면책

③ 2025.08.01

- 급여 : (10+10) − max[2만원, 4만원] = 16만원
- 비급여 : 5 − max[3만원, 1.5만원] = 2만원
- 정신장애(F06) : 비급여 면책

보상하지 않는 질병
1. 정신 및 행동장애(F04~F99) 　예외, 다음의 정신질환은 보상한다. 비급여 면책 　　• F04 ~ F09 : 뇌손상, 뇌기능 이상에 의한 인격 및 행동장애 등 　　• F20 ~ F29 : 정신분열병, 분열형 및 망상성 장애 　　• F30 ~ F39 : 기분장애 　　• F40 ~ F48 : 신경성, 스트레스성 신체형 장애 　　• F90 ~ F98 : 소아 및 청소년기의 행동 및 정서장애 　에 따른 요양급여에 해당하는 의료비는 보상한다. 후유장해보상은 면책

13. 피보험자 박○○는 아래와 같이 실손의료보험에 가입하고 2025.02.15.부터 2025.06.25.까지 치료를 받은 후 보험회사에 실손의료비를 청구하였다. 치료순번별로 실손의료비를 계산하고 그 근거를 약술하시오. (20점)

[계약사항]

보험종목(계약일자)	보장종목 / 가입금액
실손의료보험 (2025.01.01.)	[기본계약] • 상해급여 : 5천만원 (단, 통원 1회당 20만원 한도) • 질병급여 : 5천만원 (단, 통원 1회당 20만원 한도) [특약형] • 상해비급여 : 5천만원 (단, 통원 1회당 20만원 한도) • 질병비급여 : 5천만원 (단, 통원 1회당 20만원 한도) • 3대 비급여 : 표준약관상 비급여 의료비별 보상한도

[일자별 치료내용 및 진료비영수증 상 의료비 청구사항]

치료 순번	의료 기관	입/ 통원	치료 일자	병명 (질병 분류번호)	급여 일부 본인 부담	급여 전액 본인 부담	비급여	비고
①	A 병원	통원	02.15	불임(N96)	30,000	30,000	60,000	
②	B 의원	통원	03.15	식욕부진 (F50)	50,000	100,000	105,000	
③	C 병원	통원	04.10	요추추간판 장애(M51.0)	20,000	30,000	200,000	비급여는 도수치료 1회 비용임
④	D 약국	통원	04.15	요추추간판 장애(M51.0)	20,000			4월 10일 처방 받은약제를 4월15일 조제함
⑤	E 종합병원	통원	04.25	요추추간판 장애(M51.0)	5,000	15,000	400,000	비급여는 도수치료 1회 비용임
⑥	F 보훈 종합병원	통원	05.01	족저근막염 (M72.2)	40,000			실제 수납금액은 0원
⑦	G 한방병원	통원	05.15	슬관절골 관절염(M17)	10,000	20,000	300,000	비급여는 도수치료 1회 비용임
⑧	H 종합병원	입원	05.16~ 05.30	요추추간판 장애(M51.0)	300,000	200,000	4,500,000	비급여는 MRI 1회 30만원, 도수치료 14회 420만원 비용임
⑨	I 병원	통원	06.25	조현병(F20)	100,000	50,000	250,000	

※ F보훈종합병원 외에는 모두 병원비를 실제 납부하였음

※ F보훈종합병원의 경우「국가유공자 등 예우 및 지원에 관한 법률」을 적용받아 피보험자가 실제 납부한 금액은 없음
※ G한방병원은 양·한방 협진병원으로 비급여 치료는 양방의사에 의해 시행함
※ 도수치료는 치료효과가 확인되어 보험회사에서 의료검토를 통해 20회까지 지급하기로 함

① A 병원(통원) : 면책

　　N96(불임)은 보험가입일로부터 2년 이내에 발생한 의료비는 면책이므로 보상하지 않는다.

② B 의원(통원) : 면책

　　신경성 식욕부진 (F50) : 급여 및 비급여 모두 면책

③, ④ C 병원 & D 약국(통원)

- 급여 : (2만원＋3만원＋2만원) − MAX[1만원, 7만원 × 20%] = 1만4천원 이므로 총 7만원 − 1만4천원 = 5만6천원
- 처방일자를 기준으로 외래와 처방을 합산.
- 3대 비급여(도수치료) : 26만원 − MAX[3만원, 26만원 × 30%] = 26만원 − 7만8천원 = 18만2천원

⑤ E 종합병원(통원)

- 급여 : (5,000원＋1.5만원) − MAX[2만원, 2만원×20%] = 0원
- 3대 비급여(도수치료) : 40만원 − MAX[3만원, 40만원×30%] = 28만원 (누적 2회, 총 42만원 사용)

⑥ F 보훈종합병원(통원)

- 급여 : 4만원 − MAX[2만원, 4만원×20%] = 2만원
- 「국가유공자 등 예우 및 지원에 관한 법률」을 적용받아 실제 수납한 금액이 없으므로 보상하지 않는다.(실제 수납 금액이 0원이므로)

⑦ G 한방병원(통원)

- 급여 : (1만원＋2만원) − MAX[1만원, 3만원×20%] = 2만원
  한방병원 요양급여 보상대상
- 3대 비급여(도수치료) : 30만원 − MAX[3만원, 30만원×30%] = 21만원(누적 3회, 총 63만원 사용)
  한방병원 비급여는 면책이나 의사에 의해 시행된 도수치료는 보상대상이다.

⑧ H 종합병원(입원)

1) 급여 : (30만원＋20만원) × 80% = 40만원

2) 3대 비급여(MRI) : 30만원 − MAX[3만원, 30만원×30%] = 21만원

3) 3대 비급여(도수치료) :

- 1회 발생의료비 : 420만원÷14회 = 30만원
- 1회 보상금액 : 30만원 − MAX[3만원, 30만원×30%] = 21만원
- 치료효과 확인되어 의료검토를 통해 20회까지 지급하기로 하였으며 누적 횟수 20회를 넘지 않으므로 14회 모두 보상 가능하며 350만원 한도 내로 보상
- 21만원 × 14회 = 294만원 (누적 17회, 도수치료 연간 350만원 한도 내에서 보상하며, 이미 사용한 금액이 63만원이고 이번 치료비가 420만원이므로 총 483만원 중 350만원만 보상된다.) → 287만원 보상

⑨ I 병원(통원)

- 급여 : (10만원＋5만원) − MAX[1만원, 15만원×20%] = 12만원
- 정신 및 행동장애는 면책이지만, 조현병(F20)은 급여 항목은 보상하며 비급여 항목은 면책이다.

14. 상기 조건을 참고하여 보험회사의 지급보험금을 산출하시오.

[보험가입 사항]

보험회사	보험종류	보장종목	가입금액	비고
○○회사 (2023.1.1)	기본형실손의료보험 (급여실손의료보험)	질병급여형	2천만원	4세대 실손보험
	실손의료보험특별약관 (비급여실손의료비)	질병비급여형	2천만원	
		3대비급여형	의료비별보상한도	

유효한 정상 유지 계약으로 계약전 알릴의무 위반 사항은 없으며, 다른 사항 고려하지 않음

[입원의료비]

입원기간	병명 (병명코드)	급여		비급여	포함된 비용	기타
		본인 부담금	공단 부담금			
① 2023.10.01 ~ 10.15.	경추 추간판장애 (M51)	200 만원	500 만원	1,000 만원	• 상급병실료 차액 : 400만원(10일 사용) • 주사료(회당 20만원×5회) : 100만원	보상 완료
② 2024.03.01. ~ 03.25.	경추 추간판장애 (M51)	400 만원	500 만원	1,000 만원	• 상급병실료 차액 : 400만원(15일 사용) • 주사료(회당 20만원×10회) : 200만원	
③ 2024.08.01. ~ 08.20.	경추 추간판장애 (M51)	300 만원	1,000 만원	1,300 만원	• 상급병실료 차액 : 200만원(5일 사용) • 주사료(회당 20만원×5회) : 100만원	금번 청구

※ 상기 의료비 발생 이외 치료 사실 없음

※ 주사료는 항암제, 항생제(항진균제 포함), 희귀의약품을 위해 사용된 비급여 주사료가 아님.

[2024년도 「국민건강보험」 소득분위별 본인부담상한액 기준]
(금액 : 만원)

소득분위	1분위	2~3분위	4~5분위	6~7분위	8분위	9분위	10분위
상한액	100	150	200	400	500	700	800

피보험자 갑은 2025.08.01. 국민건강보험공단으로부터 2024년도 '소득 8분위' 에 해당함을 안내받고 본인부담상한액 초과금을 당일 신청하여 수령함.

[기타 사항]
상기 조건은 편의상 제시된 것으로, 모두 유효한 것으로 가정함.

 1. 2023.10.01. ~ 10.15.

　① 질병급여

　　200만원 × 80% = 160만원.

　② 질병비급여

　　・ 상급병실차액 제외 의료비 : (1,000만원 – 400만원 – 100만원) × 70% = 350만원

　　・ 상급병실차액 : Min(400만원×50%, 10만원×15일) = 150만원

　③ 3대비급여

　　・ 3대 비급여(주사료) : 20만원 – MAX[3만원, 20만원×30%] = 14만원

　　・ 14만원 × 5 = 70만원

2. 2024.03. 01. ~ 03.25.

　① 질병급여

　　400만원×80% = 320만원.

　② 질병비급여

　　・ 상급병실차액 제외 의료비 : (1,000만원 – 400만원 – 200만원) × 70% = 280만원

　　・ 상급병실차액 : Min(400만원×50%, 10만원×25일) = 200만원

　③ 3대비급여

　　・ 3대 비급여(주사료) : 20만원 – MAX[3만원, 20만원×30%] = 14만원

　　・ 14만원 × 10 = 140만원(15회, 210만원)

3. 2024.08.01. ~ 08.20.

　① 질병급여

　　・ 100만원×80% = 80만원

　　・ 2024년도 본인부담금 상한액 500만원 초과금은 건강보험공단에서 보상을 받았으므로 100만원만 보상한다.

　② 질병비급여

　　・ 상급병실차액 제외의료비 : (1,300만원 – 200만원 – 100만원)×70% = 700만원

　　・ 상급병실차액 : Min(200만원×50% = 100만원, 10만원×20일) = 100만원

　③ 3대비급여

　　・ 3대 비급여(주사료) : 20만원 – MAX[3만원, 20만원×30%] = 14만원

　　・ 14만원 × 5 = 70만원 → 40만원 (한도초과)(20회, 280만원)

　　・ 누적 횟수 50회를 넘지 않으므로 20회 모두 보상 가능하며

　　・ 총치료비 280만원으로 한도 초과(250만원)하여 초과한 30만원 공제후 한도 내 보상) → 40만원 보상

	도수, 체외충격파, 증식치료	비급여 주사료	비급여 MRI, MRA
보장한도	연간 350만원 (50회)	연간 250만원(50회)	연간 300만원
자기부담 비율	1회당 3만원과 보상대상 의료비 30% 중 큰 금액	1회당 3만원과 보상대상 의료비 30% 중 큰 금액	1회당 3만원과 보상대상 의료비 30% 중 큰 금액
특이사항	체외충격파쇄석술은 기본형에서 보상	항암제, 항생제, 희귀 의약품의 비급여 주사료는 기본형에서 보상	
하루 2회 이상 치료 및 진단시	2종류 이상 치료 또는 동일한 치료 2회 이상 시 각각 공제금액 공제	입통원 2회 이상 주사 치료시 1회로 간주	2부위 이상 진단 또는 동일한 부위 2회시 각각 공제금액 공제

MEMO

PART 4

자동차보험 사례문제

자배법	제3조(자동차손해배상책임) 자기를 위하여 자동차를 운행하는 자는 그 운행으로 다른 사람을 사망하게 하거나 부상하게 한 경우에는 그 손해를 배상할 책임을 진다.		
민법	750조 일반불법행위, 피해자(본인이외)		
보유자	[운행자(예외 무단, 절취)] • 자동차의 소유자나 자동차를 사용할 권리가 있는 자로서 자기를 위하여 자동차를 운행하는 자(열쇠, 관계, 반환, 추인, 시간) • 운행자책임의 추정 / 운행자책임의 예외사유(절취,양도,취급업자)		

보유자 운행자 비교	구분	보유자		피차운전자
	무단운전	열쇠, 관계, 반환, 추인, 시간		운행자(○), 피보험자(×/구상)
	절취운전	원칙	운행자(×)	운행자(○), 피보험자(×/구상)
		예외	운행자(×)	
	양도(명의잔존자)	운행지배 상실요건 대체 차 → 타특		운행자(○), 일시담보특약
	취급업자 (정대주급세판탁)	의뢰자 운행자(×)		운행자(○), 피보험자(대인1)
	대리운전	업자, 운전자 → 운행자		대리운전 운행자
				차주 운행자
	명의대여	운행지배× → 운행자×		지입계약 → 운행자(O)
	사용대차(무상)	운행자(○) → 간·추 (지배·반환가능성)		운행자. 직,구
	임대차(유상)	운행자(○) → 직,구 (지배·반환가능성)		운행자

운행자		[보유자+무단+절취] 자기를 위하여(운행지배, 운행이익)
	운행	사람 또는 물건의 운송 여부와 관계없이 자동차를 그 용법에 따라사용(자동차의 용도에 따라 그 구조상 설비되어 있는 각종 장치를 각각의 장치목적에 따라 사용하는 것)하거나 관리하는 것
	운행으로	운행으로 인하여 발생한 사고에 대하여만 책임을 짐
	다른사람	운행자, 운전자, 운전보조자 외
	승객	[면책조건] 고의·자살 : 대법원/운행 중인 자동차의 직접적인 위험 범위를 벗어나지 않았을 경우 포함
	승객 외	[3면책요건] 1. 자기 및 운전자의 과실 × 2. 피해자 또는 제3자에게 과실 ○ 3. 자동차의 결함 ×
운전자		다른 사람을 위하여 자동차를 운전하거나 운전을 보조하는 일에 종사하는 자
자동차		자동차관리법상 자동차, 건설기계관리법 9종 건설기계(덤타콘트트트타도노)

	연령한정 특약(사고일 만나이 기준)	범위한정 특약(1인, 부부, 가족, 지정, 임시)
원칙	보험계약자의 선택에 의해 피차를 운전할 자를 한정하는 특약으로 보험료는 절감되나, 해당 조건의 운전자가 운전(주차× 정차○)하지 않았을 때는 대인1을 제외한 담보에서 보상×(면책)	
예외	1. 설명의무 위반 2. 피차 도난(+무단) 중 사고 (피보가 법률상책임을 지는 경우, 구상) 3. 사업자등록을 한 자동차 취급업자업무상 위탁받은 피차를 사용·관리 중 사고 + 피보험자 법률상 책임을 지는 경우	

	대인1	대인 II	타차(초과액 보상)
보상하는 손해	피보, 피차, 운행, 자배법상 책임	피보, 피차, 소유·사용·관리, 법률상배상책임, 대인1 초과	피보, 타차, 운전 중대인사고 법배책 or 피보 상해
보상하지 않는 손해	계·피고(직·청3년)	• 계 or 기 고 • 기명피보험자 외의 피보험자 고의 (개별 적용 3년) • 전/지/핵 • 영/3/시 • 피 or 그 부·배·자 • 피용자재해 • 동료재해	• 사용자 업무 사용자 소유 차 • 피보 소속 법인 소유 차 • 취급업무상 수탁받은 차 • 요금대가 지불 or 받고(반복×) • 정당한 권리자의 승낙 × • 타차 소유자에 대한 법배책 • 타차를 시험용 경기용 사용

배상책임 공통 적용사항			
	피보험자 개별적용	각각의 피보험자마다 개별적으로 적용한다. 단, 계 or 기 고, 영, 시	
	지급보험금 산식	보험금 지급기준에 의해 산출한 금액+비용 – 공제액	
		대인1	자동차손해배상보장법령에서 정한 기준에 따라 산출한 금액 한도
		대인2	소송이 제기되었을 경우, 법원의 확정판결에 따라 피보험자가 손해배상청구권자에게 배상하여야 할 금액(지연배상금을 포함)을 보험금 지급기준에 의해 산출한 금액으로 본다.
		비용	손방, 대위보전, 협력
		공제액	• 대인1에서 지급되는 금액 • 대인1에서 지급될 수 있는 금액
	사고부담금	음주, 무면허, 사고 후 안전조치 불이행, 마약 또는 약물운전	
		대인1 : 한도내 지급 보험금 전액	
		대인2 : 최대 1억원	

의무보험 일시담보특약	대인1에 대하여 자동적용, 양도된 날부터 15일이 되는 날의 24시까지 양수인을 보험계약자 및 피보험자로 간주	

취급업자보험 (정대주급세 판탁)	보상하는 손해	피보험자	각 특약에서 정하는 사람
		보상하는 손해	개인용자동차보험과 동일
	대리운전자 특약	대인1에서 지급되는 금액이 있을 경우, 그 금액을 넘는 손해를 보상	

다른자동차 특약	자가용자동차로서 피보험자동차와 동일한 차종 1. 기피와 그 부·배·자가 소유 통상적으로 사용하는 자동차가 아닌 것 2. 피보가 피차를 대체한 경우, 그 때부터 승인을 한 때까지의 대체자동차
유상운송 특약	개인용 자보 피차 화물 유상운송 시 보상(쿠팡, 배민)

상해보험	무보험자동차에 의한 상해 (+타특)		자기신체사고
	피보험자가 무보험자동차로 인하여 생긴 사고로 죽거나 상해를 입은 때 그로 인한 손해에 대하여 배상 의무자가 있는 경우에 이 약관에서 정하는 바에 따라 보상		피보험자가 피보험자동차를 소유·사용·관리하는 동안에 생긴 다음 중 어느 하나의 사고로 인하여 죽거나 상해를 입은 때 그로 인한 손해를 보상
보상하는 손해	무보험자동차		운행 + 탑승 불문 + 상당인과관계 충족
	피차 × + 피보 소유 외 자동차, 건설기계, 군용차량, 군사장비, 농기계, 원동기장치 자전거·PM 1. 대인2 또는 공제계약이 없는 자동차 2. 대인2 또는 공제계약 보상하지 않는 경우 3. 보상한도가 낮은 대인2 or 공제계약 적용 4. 피보를 죽게 하거나, 다치게 한 자동차가 명확히 밝혀지지 않은 경우 그 자동차 (「도로교통법」에 의한 개인형이동장치는 제외)		피보, 탑승여부 불문, 피차 운행으로 인한 사고 (기피 배우자가 주차 돕던 중 피차에 사상)
	[배상의무자] 무보험자동차로 인하여 생긴 사고로 피보험자를 죽게 하거나 다치게 함으로써 피보험자에게 입힌 손해에 대하여 법률상 손해배상책임을 지는 사람		운행 + 탑승 중 + 상당인과관계 불문 1. 날아오거나 떨어지는 물체와 충돌 2. 화재 or 폭발 3. 피차의 낙하
피보험자	탑승 불문	기피 및 기피의배우자 기피 또는 그 배우자의 부모·(계)자녀	기명피보험자, 친족피보험자, 승낙피보험자, 사용피보험자, 운전피보험자 (기, 친, 승, 사, 운)의 부·배·자 취제외
	탑승 중	승, 운, 취제외 업무용, 법인의 경우, 기피 (이사·감사)	
보상하지 않는 손해	• 보험계약자의 고의 • 피보험자의 고의 • 수익자의 고의 • 유상운송(피보험 차량 (반복적, 사업용, 빌려준 경우) / 피보험 차량 외 (반복적으로 이용하지 않는 경우)) • 시험·경기 및 이를 위한 연습 • 배상의무자 • 피보의 부·배·자 • 피보 사용자 업무 종사 중 피보 사용자·동료		• 피보험자의 고의 • 수익자의 고의 • 전/지/핵 • 유상운송 • 시험·경기(연습포함) • 업무용, 영업용 • 정규승차용 구조장치가 아닌 장소에 탑승 중 사고

지급보험금		[산식] 지급기준에 의해 산출한 금액 + 비용 - 공제액	[산식] 실제손해액 + 비용 - 공제액 지급기준 or 확정 판결금액 과실상계 전
	비용	비용 : 손방, 대위	비용 : 손방, 대위
	공제액	• 대인1(정부보상사업) • 대인2(배상의무자가입) • 대인2(피보 탑승 차) → 보상받을 수 있는 금액	• 대인1(정부보상사업) • 대인2 • 무보험자동차상해 → 보상받을 수 있는 금액
		• 배상의무자 • 배상의무자외 제3자 → 보상받은 금액	배상의무자외 제3자(산재 등, 현재 공제 ×) → 보상받은 금액

기타	• 개인형이동장치(PM) • 대인1 한도 보상함 • 단, 배상의무자가 밝혀지지 않은 경우 보상× • 대위권 발생 → 소멸시효 3년	공제액이 발생하지 않는 경우 (단독사고, 과실 100%사고)		
		사망	증권에 기재된 보험가입금액	
		부상	상해구분 및 급별 보험가입금액	
		장해	후유장해구분 및 급별 보험가입 금액	

지급기준(대인1, 대인Ⅱ, 무상)						
부상		**장해**		**사망**		
적극 손해	• 치료관계비 (경상환자 특칙) • 구조수색비	위자료	본인, 최초장해 판정나이, 50%이상·미만	장례비	500만원 기준	
위자료	1급 200만 ~ 14급 15만	상실 수익액	월×노×월호	위자료	나이	65미만	5,000만
						65이상	8,000만
휴업 손해	• 수입감소 • 서류증명 • 수·감 × 휴·일 × 85%	가정 간호비	노동100%, 식물·척수, 1인, 일용, 정기	상실 수익액		
간병비	상해 등급 / 인정 일수 1~2급 / 60일 3~4급 / 30일 5급 / 15일					

지급기준(대인1, 대인 II, 무상) 산식		
부상	휴업 손해	1일 수입감소액(월임금 25일 또는 30일) × 휴업일수 × 85/100, 무직자는 수입의 감소가 없는 것으로 한다.
장해	상실 수익액	월평균현실소득액×노동능력상실률×(노동능력상실일부터 보험금지급일까지의 월수 + 보험금지급일부터 취업가능연한까지의 월수에 해당하는 H계수)
사망		(월평균현실소득액 – 생활비 공제)×(사망일부터 보험금지급일까지의 월수+보험금지급일부터 취업가능연한까지 월수에 해당하는 H계수)

현실소득액 산정			
• [연간수입액 – 주요경비 – (연간수입액 × 기준경비율) – 제세공과금] × 노무기여율(85%한도) × 투자비율(1/동업자수)			
• 일용근로자임금 : (공사 부문 보통인부 임금 + 제조 부문 단순 노무 종사원 임금)/2, 월 임금 25일			
유직자	급여소득자	입증가능	직전 3개월, 근로의 대가(실비변상×)–제세공과금
		입증불가	일용근로자임금
	사업소득자	입증가능	(연간수입액 – 주요경비 – (연간수입액 × 기준경비율) – 제세공과금) × 노무기여율 × 투자비율
		입증불가	일용근로자임금
	기술직 종사자특례	입증가능	• 통계임금이 많은 경우 통계임금(실무, 산재보험료 내역의 직종) 사고 전 1년 이내 종사여부를 관련서류를 통해 객관적으로 증명한 경우
		입증불가	
	그 밖에 유직자	입증가능	증명된소득 – 제세액 / 부동산 임대소득자
		입증불가	일용근로자임금
가사종사자	일용근로자임금, 2인 이상 세대, 주민등록 관계서류, 세법상 관계서류		
현역병	일용근로자임금		
무직자	일용근로자임금, 학생을 포함한다.		
미성년자	19세에 이르기까지는 현실소득액을 인정하지 않으며, 19세 이후에는 일용근로자 임금을 기준으로 인정한다.		
소득 2가지	입증가능 / 입증가능	합산	
	입증가능 / 입증불가	많은 임금	
	입증불가 / 입증불가	많은 임금	
외국인	내국인과 동일	적법한 일시 체류자 (입국허가○, 취업허가○)	본국 소득기준 적용
		적법한 취업활동자	체류기간 (최소 3년) 국내소득, 이후 본국소득
		기타(불법체류자)	사고일로부터 3년 국내소득, 이후 본국소득

PART 4 | 자동차보험

취업가능월수	
취업시기	19세
취업가능연한	65세, 단체협약, 정년 규정, 농어촌 70세, 사회 통념상 65세 미만인 직종 → 취업가능연한 이후 65세까지, 사망 또는 노동능력 상실 당시 일용근로자 임금
사망(노동능력상실)일 당시 62세 이상 취업가능월수	만 62세부터 만 67세 미만 … 36월 67세부터 76세 미만 … 24월 76세 이상 … 12월

장해 위자료(청구권자 : 피해자 본인)			
후유장해 판정에 대한 다툼이 있을 경우 최초 후유장해 판정 시점의 피해자 연령을 기준으로 함.			

노동능력 상실률	50% 이상	65세 미만	45,000,000원 × 노동능력상실률 × 85%
			80,000,000원 × 노동능력상실률 × 85% (가정간호비 지급 대상)
		65세 이상	40,000,000원 × 노동능력상실률 × 85%
			50,000,000원 × 노동능력상실률 × 85% (가정간호비 지급 대상)
	50% 미만	노동능력상실률에 따라 400만 ~ 50만 〈 부상1급 200만원 → 많은 금액	

가정간호비	
인정 대상	치료가 종결 + 더 이상의 치료효과를 기대× 된 때 + 1인 이상 전문의 노동능력상실률 100%의 후유장해 판정을 받은 자로서 다음 요건에 해당 + 생명유지에 필요한 일상생활의 처리동작에 있어 항상 다른 사람의 개호를 요하는 자
지급 기준	가정간호 인원은 1일 1인 이내에 한하며, 일용근로자 임금을 기준(25일×)으로 보험금수령권자의 선택에 따라 일시금 또는 퇴원일부터 향후 생존기간에 한하여 매월 정기금으로 지급함
식물 인간	뇌손상인 자 (가) 스스로는 이동이 불가능하다. (나) 자력으로는 식사가 불가능하다. (다) 대소변을 가릴 수 없는 상태이다. (라) 안구는 겨우 물건을 쫓아가는 수가 있으나, 알아보지는 못한다. (마) 소리를 내도 뜻이 있는 말은 못한다. (바) 눈을 떠라, 손으로 물건을 쥐어라하는 정도의 간단한 명령에는 가까스로 응할 수 있어도 그 이상의 의사소통은 불가능하다.
사지 마비	척수손상으로 인해 양팔과 양다리가 모두 마비된 환자로서 다음 항목에 모두 해당되는 자 (가) 생존에 필요한 일상생활의 동작(식사, 배설, 보행 등)을 자력으로 할 수 없다. (나) 침대에서 몸을 일으켜 의자로 옮기거나 집안에서 걷기 등의 자력이동이 불가능하다. (다) 욕창을 방지하기 위해 수시로 체위를 변경 시켜야 하는 등 다른 사람의 상시 개호를 필요로 한다.

간병비	
인정대상	가. 상해등급 1급 ~5급에 해당하는 자 나. 동일한 사고로 부모 중 1인이 사망 또는 상해등급 1급~5급의 상해를 입은 7세 미만의 자
	의료법 제4조의2(간호·간병통합서비스)에 따른 비용을 보험회사가 부담 시 비용 및 기간에 관계없이 인정하지 않는다.
지급기준	• 상해등급별 인정일수를 한도로 실제 입원기간을 인정한다. • 간병인원은 1일 1인 이내에 한하며, 1일 일용근로자 임금을 기준으로 지급한다. • 1급 ~ 2급 : 60일 • 3급 ~ 4급 : 30일 • 5급 : 15일

과실상계 등 손해액 공제, 피해자측 과실이론(구상의 간편화)		
• 피해자에 대한 손해배상금을 산정함에 있어 피해자와 일정한 신분적 관계에 있는 피해자측의 과실을 피해자의 과실과 동일시하여 참작하는 제도 • 생계를 같이하는 가족, 감독의무자의 과실, 경제적 일체		
판단기준	① 피해자와 신분, 생활관계상 특별한 관계 ② 손해 계산의 귀속 등 실질적 경제관계 ③ 동일 생활단위에 속한다는 신뢰적, 우의적 관계 ④ 공동불법행위자 간의 구상 관계 간략화 ⑤ 결과의 공평 타당성 등을 참작하여야 한다.	
감독의무자의 과실 민법755조	원칙	5세(책임무능력자) 무단횡단사고 → 손해액 100만원, 부모의 과실 40% 　　가해차주 100만원 지급 후 부모에게 40만원 구상
	피해자측 과실적용	40% 과실상계 후 60만원 지급
생계를 같이하는 가족	원칙	• 아버지 운전, 과실50% • 동승자 성인 아들 • 손해액 100만원 • 100만원 지급 후 아버지에게 50만원 구상
	피해자측 과실적용	50% 과실상계후 50만원 지급

<table>
<tr><td colspan="4" align="center">과실상계</td></tr>
<tr><td rowspan="6">과실
상계</td><td colspan="2">대인1, 대인 II</td><td>피해자 측의 과실비율에 따라 상계</td></tr>
<tr><td colspan="2">무보험차 상해</td><td>피보험자의 과실비율에 따라 상계</td></tr>
<tr><td rowspan="2">대인
1</td><td>사망</td><td>상계한 후의 금액이 2,000만원에 미달하면 2,000만원을 보상</td></tr>
<tr><td>부상</td><td>상계한 후의 금액이 치료관계비와 간병비의 합산액에 미달하면 한도 내에서 치료관계비(입원환자 식대를 포함)와 간병비를 보상</td></tr>
<tr><td colspan="2" rowspan="2">대인 II,
무보험차 상해</td><td>사망보험금, 부상보험금 및 후유장해보험금을 합산한 금액을 기준으로 상계한 후의 금액이 치료관계비와 간병비의 합산액에 미달하면 치료관계비(입원환자 식대를 포함, 대인1에서 지급될 수 있는 금액을 공제)와 간병비를 보상함</td></tr>
<tr><td><ul><li>다만, 차량 운전자(피해자 측 과실비율을 적용받는 자를 포함)가 상해급별 구분 중 12급 내지 14급의 상해를 입은 경우</li><li>상계하기 전의 치료관계비가 대인1 한도를 초과할 경우</li><li>보험회사는 과실상계 없이 우선 보상한 후, 그 초과액에 대하여 피해자 측의 과실비율에 해당하는 금액을 청구할 수 있음.</li></ul></td></tr>
</table>

<table>
<tr><td rowspan="4">부상병급</td><td>2급~11급 중 2가지 이상의 상해가 있을 경우, 그 중 가장 높은 등급부터 하위 3등급 이내의 상해가 중복될 경우 한 등급 상향 조정한다.</td></tr>
<tr><td>일반외상 + 치과보철, 각각 상해등급별 금액, 합산액이 1급을 초과하지 않는 범위에서 배상</td></tr>
<tr><td>재해발생시 만 13세 미만일 때 소아로 인정</td></tr>
<tr><td>연부 조직 손상이 심하여 유리피판술이나 피부이식술을 시행할 경우, 안면부는 +1, 수부, 족부에 국한된 손상 -1</td></tr>
<tr><td>장해병급</td><td>신체장해가 2이상 있는 경우 → 높은 +1</td></tr>
</table>

<table>
<tr><td colspan="3">[동승자감액]
승용차 함께타기를 실시한 경우에는 감액비율을 적용안함</td></tr>
<tr><td>의의</td><td colspan="2">무상동승자에 대한 운행자책임을 정함에 있어서 동승의 목적, 동승의 경위 등을 감안하여 동승자의 손해배상액을 산정할 때, 일정부분 감액하는 것</td></tr>
<tr><td rowspan="6">기준요소</td><td align="center">동승자의 강요 및 무단동승</td><td align="center">100%</td></tr>
<tr><td align="center">음주운전자의 차량동승</td><td align="center">40%</td></tr>
<tr><td align="center">동승자의 요청 동승</td><td align="center">30%</td></tr>
<tr><td align="center">상호 의논합의 동승</td><td align="center">20%</td></tr>
<tr><td align="center">운전자의 권유 동승</td><td align="center">10%</td></tr>
<tr><td align="center">운전자의 강요 동승</td><td align="center">0%</td></tr>
<tr><td>수정요소</td><td align="center">동승자의 동승과정에 과실이 있는 경우</td><td align="center">+ 10~20%</td></tr>
</table>

1. 적극손해(대인배상,무보험자동차에 의한 상해 지급 기준)

상해급별 구분 중 12급부터 14급에 해당하는 교통사고 환자의 경우에는 아래의 기준으로 치료비를 보상한다.

① 상해를 입은 날로부터 4주의 기간 동안 실제 치료에 소요되는 비용

② 상해를 입은 날로부터 4주를 경과한 후에도 의료법에 따른 진단서상 추가 치료를 필요로 하는 경우에는 진단서 상 소견범위에 기재된 치료기간 내 실제 치료에 소요되는 비용

③ 상해를 입은 날로부터 8주가 경과한 후에도 치료를 받고자하여 「자동차손해배상보장법시행규칙」 제6조의 3제4항에 따른 검토 혹은 제6조의4 제3항에 따른 심의를 거친 경우에는 동 검토·심의에 따라 정하는 기간내 실제치료에 소요되는 비용으로 하며, 심의에서 정하는 기간을 초과하여 치료에 소요된 비용은 인정하지 아니함.

④ 향후치료비 : 보험회사가 「자동차손해배상보장법시행령」에서 정한 상해급별 구분 중 1급부터 11급에 해당하는 교통사고피해자에 대해 피해자의 장래치료를 위하여 필요하다고 객관적으로 인정되는 비용

01. 친족피해자의 범위에 대하여 설명하시오.

🗒 (1) 배우자는 법률상 또는 사실혼 관계에 있는 배우자에 한정
　　(2) 부모에는 친부모와 양부모를 포함한다.
　　(3) 장인, 장모, 시부모, 계부, 계모 등은 포함되지 않는다.
　　(4) 약관에서 자녀의 범위를 "법률상 또는 사실혼관계에서 태어난 자녀"로 한정하고 있다.
　　(5) 며느리나 사위는 자녀로 보지 아니한다.

02. A는 무단횡단 중 B가 운전하는 차에 치어 사망하였다. 사망보험금이 3억이라고 가정하면 사망보험금을 담보하는 보험에 대해서 서술하시오.

🗒 1억 5천만원은 대인배상 I 에서 보상하고, 1억 5천만원을 초과하는 손해는 대인배상 II 에서 보상을 한다.

03. B는 기명피보험자 A에게 자동차를 빌려 운전 중 D와 충돌하여 B의 배우자 C가 중상을 입었다. B차의 과실은 무과실이고 D차는 대인배상 I , II 모두 가입이 안된 무보험차이다. A는 갑 보험회사에 종합보험을 가입하였고, C의 친정 아버지 소유의 차량을 을보험회사에 자동차보험 무보험상해담보에 가입되어 있다. 갑과 을 보험회사의 보상책임에 대하여 설명하시오.

🗒 C는 A차 입장에서 운행자, 운전자, 운전 보조자가 아니기 때문에 타인에 해당한다. A차의 차주는 소유자로서, 임차인 B는 사용관리자로서 C에 대하여 운행자 책임을 지고, 갑보험회사는 대인배상 I 에서 보상을 한다. A와 C는 가족관계가 아니기 때문에 친족피해자 면책취지가 적용되지 아니한다. 피보험자 개별적용이론이 적용되면 C는 갑 보험회사의 대인배상 II 에서 보상책임이 발생한다.

04. 배상책임에서 연대채무 발생 유형을 설명하시오.

🗒 (1) 자동차운전자간 쌍방과실 사고 제3자가 사상된 경우
　　(2) 타차 일방과실 사고에서 자차 승객이 사상된 경우
　　(3) 자동차사고와 자전거 운전자 쌍방과실 사고로 제3자가 사상된 경우
　　(4) 자동차 운전자와 킥보드(개인형 이동장치), 무단횡단자 등의 과실이 경합되어 제3자가 사상된 경우
　　(5) 피보험자동차를 피보험자가 아닌 제3자가 운전 중 사고(무단운전사고, 절취운전 사고, 전차인 사고)

(6) 이중역과 사고

(7) 자동차 운전자의 과실과 도로하자, 공작물 설치상의 하자와 경합 된 경우

(8) 자동차 운전자와 동물점유자의 책임 경합

(9) 의료과실과 경합

(10) 제조물책임과 경합

05. 진정연대책임과 부진정 연대책임을 비교 설명하시오.

답

	진정연대책임	부진정 연대책임
근거	계약에 의한 연대책임 피보험자와 배상책임보험자	법률규정에 의한 연대책임
채권만족사유 (변제, 대물변제, 상계)	다른 연대 채무자의 채무도 그 만큼 소멸	
채권 만족하지 않은 사유로 채권 소멸	다른 연대 채무자 채무 소멸	다른 연대 채무자 채무 잔존

06. 자배법과 민법의 차이에 대하여 서술하시오.

답

구분	자배법	민법
주체	운행자	불법행위자(사고운전자)
객체	타인(운행자와 운전자를 제외한 자)	타인(사고운전자를 제외한 자)
운전자	운행자를 위하여 운전한 자	사고 운전자
사고 입증책임	운행자	피해자

07. 무보험자동차에 의한 상해의 지급보험금은 다음과 같다. 공제액에 대하여 서술하시오.

> 지급기준 : 보험금지급기준에 의해 산출한 금액 + 비용 - 공제액

1. 대인배상Ⅰ(책임공제 및 정부보장사업을 포함한다)에 의하여 지급될 수 있는 금액
2. 배상의무자가 가입한 대인배상Ⅱ 또는 공제계약에 의하여 지급될 수 있는 금액
3. 피보험자가 탑승 중이었던 자동차가 가입한 대인배상Ⅱ 또는 공제계약에 의하여 지급될 수 있는 금액
4. 피보험자가 배상의무자로부터 이미 지급받은 손해배상액
5. 배상의무자가 아닌 제3자가 부담할 금액으로 피보험자가 이미 지급받은 금액

08. 갑은 퇴근 중 운전 부주의로 교통사고로 현장에서 사망하였다. 다음 조건에서 상실수익액을 구하시오.

1. 사망일 : 2025년 1월 1일
2. 보험금 지급일 : 2025년 5월 31일
3. 보험금 지급일부터 취업가능 연한까지 115개월 (호프만계수 95)
4. 월급 : 300만원
5. 과실 : 없음

사망 상실수익액 = (월평균현실소득액 - 생활비) × (사망일부터 보험금지급일까지 월수 + 취업가능월수에 해당하는 H계수)
  - 생활비 : 월평균현실소득액 × 1/3
  - 300만원 × (5 + 95) × 2/3 = 2억원

09. 갑은 퇴근 중 운전 부주의로 교통사고를 당해 세명병원에서 치료를 받다 사망하였다. 다음 조건에서 휴업손해액, 상실수익액을 구하시오.

> 1. 사고일 : 2025년 1월 1일
> 2. 사망일(입원 중 사망) : 2025년 2월 1일
> 3. 보험금 지급일 : 2025년 5월 1일
> 4. 월급 : 300만원
> 5. 보험금 지급일부터 취업가능연한까지의 H계수 : 37
> 6. 입원 중 1일 수입감소액 : 20만원
> 7. 과실 : 20%

🖬 [휴업손해액]

20만원 × 31일 × 85/100 × (1−20%) = 4,216,000원

[상실수익액]

300 × (3+37) × 2/3 × (1−20%) = 6,400 만원

10. 다음 조건에서 상실수익액을 구하시오.

> 1. 사망시 나이 : 만 78세
> 2. 사망일부터 보험금 지급일까지 : 4개월
> 3. 월급 : 300만원
> 4. 과실 : 20%
> 5. 호프만계수
>   - 36개월 H계수 : 33
>   - 24개월 H계수 : 22
>   - 12개월 H계수 : 11
>   - 30개월 H계수 : 28
>   - 18개월 H계수 : 17
>   - 8개월 H계수 : 7

🖬 [62세 이상자의 취업가능월수]

피해자의 나이	취업가능월수
62세 이상 ~ 67세 미만	36월
67세부터 ~ 76세 미만	24월
76세 이상	12월

- (300만원 × (4개월 + 7개월) × 2/3) = 300만원 × 11개월 × 2/3 × (1−20%) = 1,760만원

  (76세 이상 취업가능월수는 12개월이므로 4개월부터 12개월까지는 호프만계수 8개월에 해당되는 7을 산정한다.)

11. 자동차보험 약관 지급기준상 위자료 산정 기준을 설명하시오.

답 1. 사망사고와 후유장해에서 위자료 인정

	사망	후유장해	
		가정간호비	가정간호비 외
65세 미만	8,000만원	8,000만원 × 85%	4,500만원 × 85%
65세 이상	5,000만원	5,000만원 × 85%	4,000만원 × 85%

2. 부상위자료

(1) 부상, 사망 위자료 중 가장 큰 금액 하나만 인정한다.

(2) 위자료는 피해자 별로 인정한다.

(3) 대인배상 I , 자동차상해 등 한도가 있는 보험

후유장해 위자료 + 상실수익액 > 보상한도를 초과. 후유장해 위자료 못 받은 경우 부상 위자료 + 부상 손해액 < 보상한도 내에서 지급

12. 차량상호간, 차량과 보행자 과실상계에서 보행자 과실비율 수정감산요소에 대하여 서술하시오

답 가) 의의

차대인 사고 시 과실비율적용과 관련하여 절대설을 취하면서, 피해자의 기본과실을 중심으로 구체적.개별적 사안의 특수성을 고려하여 일정비율(5~20%)에 해당하는 가·감산요소를 설정하여 피해자에 대한 합리적 구제를 한다.

나) 감산요소

운행자에게 더 많은 주의를 요하는 상황이거나 운전자의 법규위반 정도에 따라 피해자의 기본과실에서 감산한다.

(가) 어린이, 노인

이들은 사회생활상 통상인 보다 자신의 안전을 확보할 능력이 낮아 보호 대상자가 된다. 대체로 6세 이상 12세 미만의 아동과 65세 이상의 노인인 경우이다.

(나) 집단횡단

보행자가 집단횡단.보행하는 경우에 운전자로서는 보행인의 발견이 용이하기 때문이다.

(다) 보·차도 구분이 없는 도로

이 경우에는 운전자에게 보행인의 동태에 세심한 주의가 요망되기 때문이다.

(라) 주택·상점가·학교

사람의 생활권 내이기 때문에 사람의 통행 및 횡단이 빈번한 곳으로 운전자는 보다 높은 주의를 해야 하기 때문이다.

(마) 현저한 과실 또는 중과실

현저한 과실은 사고형태에 따라 기본적으로 통상 예정되는 과실보다 중한 과실을 말하며, 한눈팔기 운전, 현저한 전방주시태만, 10 ~ 20km/h 속도위반, 현저한 핸들조작 부적절 등이다. 중과실은 거의 고의에 가까운 것으로, 졸음운전, 음주운전, 무면허운전, 20km/h 속도위반 등이다.

(바) 정지선 안쪽

자동차가 횡단보도를 통과하기 전 무단횡단하는 보행자를 충격하였을 경우 사고지점이 횡단보도 정지선 안쪽이라면 운전자도 정지의무를 위반한 것이므로 감산요소로 적용한다.

13. 기왕증공제, 동승자감액, 과실상계, 손익상계의 정의와 적용순서를 서술하시오.

1. 과실상계

- 과실상계란 피해자측의 과실이 인정되는 경우, 그 비율에 따라 손해액에서 공제하는 것을 의미한다. 이는 대인배상 Ⅰ·Ⅱ 및 대물배상에 적용되며, 무보험자동차상해의 경우 피보험자의 과실비율에 따라 공제된다.
- 모든 손해에 대해 과실상계가 이루어지나, 일정한 하한을 두고 있다. 즉, 대인배상 Ⅰ 사망의 경우 과실상계 후 2천만원 미만일 때에는 2천만 원을 보상하고, 부상의 경우 치료관계비 및 간병비 상당액을 최소한도로 보장한다.
- 과실비율은 약관의 과실인정기준, 판례 또는 확정판결에 따라 정한다.

2. 기왕증 공제

- 기왕증 공제란 사고 발생 전 이미 존재하던 질환이나 신체장해가 손해에 기여한 경우, 그 기여도만큼을 손해액에서 제외하는 제도를 말한다. 이는 대인배상 Ⅰ·Ⅱ, 자기신체사고, 무보험자동차상해에 적용된다.
- 기왕증 기여도는 해당과 전문의의 판정에 따르며, 이견이 있는 경우 제3의 전문의료기관에 의뢰하여 판정할 수 있다. 이는 본래 사고와 무관하게 존재하던 질환까지 보상하는 것을 방지하고, 사고와 상당인과관계 있는 손해만을 보상하기 위함이다.

3. 동승자 감액

- 동승자 감액은 운행자 또는 보유자와의 형평을 고려하여 동승자의 손해액을 일정 부분 감액하는 제도이다.
- 운전자의 승낙 없이 동승한 경우에는 100% 감액하여 보상하지 않으며, 승낙 있는 경우에는 동승유형별 감액비율표에 따라 최대 40%에서 0%까지 감액한다. 또한 안전벨트를 미착용하는 등 동승자 본인의 과실이 있는 경우에는 10%~20%의 추가 감액이 적용될 수 있다. 다만, 출·퇴근 합승차량의 경우 교통정책적 고려에서 감액을 적용하지 않는다.

4. 손익상계

손익상계란 동일한 원인으로 손해와 이익이 동시에 발생하는 경우, 그 이익을 손해액에서 공제하는 것을 말한다. 이는 손해배상제도의 이중보상을 방지하고 공평의 원칙을 유지하기 위한 제도이다. 예를 들어, 산재보험 급여나 국민연금 장해연금, 유족연금 등이 이에 해당한다.

5. 적용 순서

자동차보험 약관상 보험금 산출은 일정한 순서에 따라 이루어진다. 우선 기왕증 공제를 통하여 기존 질환으로 인한 손해를 제외하고, 그 다음 동승자 감액을 적용하여 동승형태에 따른 감액을 반영한다. 이어서 피해자의 과실비율을 고려하여 과실상계를 한 뒤, 마지막으로 손익상계를 통해 손해와 동시에 발생한 이익을 공제한다. 즉, 적용 순서는 ① 기왕증 공제 → ② 동승자 감액 → ③ 과실상계 → ④ 손익상계이다.

14. 다음 복합장해의 정의와 아래 조건을 계산을 하시오.

1. 족관절 강직 20%(영구장해), 슬관절장애 10%(영구장애)

🗊 McBride 장해평가법의 기본은 정상인의 노동능력을 100%로 가정하고 신체 각 부위에 대하여 각각의 장해를 평가하고 있으므로 , 여러 부위에 장해가 병합된 경우는 차감체증식으로 평가하여야 한다.

산식 : A 장해율 + (100 - A) × B 장해율 = 중복장해 평가율

20% + (100%÷20%) × 10% = 28%

15. 피해자 직접청구권에 대하여 서술하시오

🗊 1. 의의

책임보험의 피해자가 피보험자를 통하지 않고 보험자에게 직접 손해의 전보를 청구할 수 있는 권리를 말한다.

2. 특징

① 독립성

피해자의 직접청구권은 피보험자의 손해배상책임 발생과 동시에 피해자는 피보험자에 대한 손해배상청구권과 보험자에 대한 보험금청구권이 동시 발생하는 독립성을 갖는다. 피해자는 피보험자의 협력없이 직접청구권을 행사할 수 있다.

② 배타성

피보험자의 보험금청구권과 피해자의 직접청구권이 경합된 경우에는 피해자가 손해배상을 받지 못한 범위 내에서는 직접청구권이 우선한다.

③ 강행성

피해자의 직접청구권은 강행규정이므로 보험약관에서 법률의 규정을 위배하여 보험계약자에게 불리한 조항을 정한다면 그 보험약관은 상법 제663조의 보험계약자 등의 불이익금지 원칙에 위배되어 무효가 된다.

3. 인정근거

책임보험본질설, 계약당사자설 등이 있으나, 통설은 법규정효과설을 취한다

4. 법적성질

① 보험금청구권설

보험자는 보험계약에 의하여 피보험자의 제3자에 대한 법률상 배상책임을 부담하는 것이다. 그러므로 청구권의 소멸시효도 3년이다.

② 손해배상청구권설

보험자가 피보험자의 피해자에 대한 손해배상채무를 병존적으로 인수한 것이라는 견해이다. 이에 따라 청구권의 소멸시효는 불법행위책임에 대한 손해배상청구권의 소멸시효는 그 손해 및 가해자를 안 날로부터 3년, 불법행위를 한 날로부터 10년이다. 판례는 직접청구권의 법적성질에 대해 일관되게 손해배상청구권을 취하고 있다.

5. 보험자의 항변권

피해자가 보험사를 상대로 직접청구권을 행사하여 보험금의 지급을 구하는 경우에 보험자는 피보험자가 그 사고에 관하여 가지는 항변으로서 피해자에게 대항할 수 있다.

① 손해배상책임의 유무

② 과실상계나 손익상계

③ 계약상의 하자

④ 면책사유

6. 보험자의 통지의무

보험자가 제3자로부터 직접 청구를 받은 때에는 지체 없이 피보험자에게 이를 통지하여야 한다. 피보험자에게도 제3자에 대한 방어의 기회가 주어져야 하며 제3자가 보험자와 피보험자의 쌍방으로부터 배상을 받아내는 것을 방지하기 위한 것이다.

7. 피보험자의 협조의무

제3자의 직접청구가 있는 경우에 피보험자는 보험자의 요구가 있을 때에는 필요한 서류, 증거의 제출, 증언 또는 증인의 출석에 협조하여야 한다. 이는 피보험자가 제3자의 청구에 대하여 대응하는 방어수단에 대한 협조의무 조항이다.

---

16. 현행 자동차보험 보통약관상 '대인배상, 무보험자동차에 의한 상해' 지급기준에서 후유장해보험금 중 가정간호비와 대상에 대하여 서술하시오. (10점)

📋 1. 인정 대상

치료가 종결되어 더 이상의 치료효과를 기대할 수 없게 된 때에 1인 이상의 해당 전문의로부터 노동능력 상실률 100%의 후유장해 판정을 받은 자로서 다음 요건에 해당하는 '식물인간상태의 환자 또는 척수손상으로 인한 사지완전마비환자'로 생명유지에 필요한 일상생활의 처리동작에 있어 항상 다른 사람의 개호를 요하는 자를 대상으로 한다.

① 식물인간상태의 환자

뇌손상으로 다음 항목에 모두 해당되는 상태에 있는 자.

1) 스스로는 이동이 불가능하다.

2) 자력으로는 식사가 불가능하다.

3) 대소변을 가릴 수 없는 상태이다.

4) 안구는 겨우 물건을 쫓아가는 수가 있으나, 알아보지는 못한다.

5) 소리를 내도 뜻이 있는 말은 못한다.

6) '눈을 떠라', '손으로 물건을 쥐어라'하는 정도의 간단한 명령에는 가까스로 응할 수 있어도 그 이상의 의사소통은 불가능하다.

② 척수손상으로 인한 사지완전마비 환자

척수손상으로 인해 양팔과 양다리가 모두 마비된 환자로서 다음 항목에 모두 해당되는 자.

1) 생존에 필요한 일상생활의 동작(식사, 배설, 보행 등)을 자력으로 할 수 없다.

2) 침대에서 몸을 일으켜 의자로 옮기거나 집안에서 걷기 등의 자력이동이 불가능하다.

3) 욕창을 방지하기 위해 수시로 체위를 변경시켜야 하는 등 다른 사람의 상시 개호를 필요로 한다.

2. 지급 기준

가정간호 인원은 1일 1인 이내에 한하며, 가정간호비는 일용근로자임금을 기준으로 보험금수령권자의 선택에 따라 일시금 또는 퇴원일부터 향후 생존기간에 한하여 매월 정기금으로 지급한다.

17. 차량소유자 A는 퇴근 후 공용주차장에 차량을 주차하였다. 다음 날 B가 차량을 절도하여 운전하는 중 보행중인 C를 치어 허리와 목 염좌 부상을 입었다. A가 손해배상책임이 없을 경우 C가 보상받을 보험에 대하여 논하시오. (A는 갑보험사에 대인배상 I , II 가입, C는 을보험사에 대인배상 I , II 가입)

🔖 C는 갑보험사 대인배상 I , II 에서 보상받을 수 없고 정부보장사업과 을보험사 무보험상해담보로 보상받는다.

18. 자기신체사고와 자동차상해를 비교해서 서술하시오.

🔖 1. 공통점

① 담보위험 : 피보험자동차 사고(운행으로 인한 사고) + 운행 중 사고(피보험자동차 탑승조건)

1) 낙하물, 화재, 폭발, 추락

2) 피보험범위 : 기친승사운 + 부모, 배우자, 자식

3) 면책사유

4) 과실상계를 적용하지 아니함

2. 자기신체사고와 자동차상해 지급기준 비교

자기신체사고		자동차상해
공제액 없는 사고	공제액 있는 사고	
부상 : 실제 치료비 (상해급별 한도 내) < 보상한도	① 부상, ② 후유장해, ③ 사망사고 구분하여 손해액 및 보험금 산정	
후유장해 등급별 정액지급	손해액(대인 II 지급기준, 무과실금액) - 공제액 = 잔액 < 보상한도 내에서 보상	
사망 정액보험금 지급		

19. **경상환자 대인Ⅱ 치료비 과실책임주의에 대하여 서술하시오.**

1. 개선
   - 경상환자의 대인Ⅱ 치료비 중 본인 과실에 해당하는 부분은 본인보험(자기신체사고 또는 자동차상해) 또는 자비로 처리해야 한다.
   - 예외 : 피해자 보호를 위하여 차량운전자를 제외한 보행자(이륜차, 자전거 포함)는 본인 과실이 있더라도 현행과 같이 치료비를 전액 보장
2. 경상환자 장기 치료시(4주 초과) 진단서 제출
   가. 종전
      사고발생시 진단서 등 입증자료 제출 없이도 기간의 제한 없이 치료하고 보험금 청구 가능 → 이로 인해 장기간 병원치료를 받으면서 보험사에 과도한 합의금을 요구하는 사례가 발생
   나. 개선
      경상환자의 경우 4주까지는 진단서 없이 보장되나, 4주 초과 시에는 진단서 상 진료기간에 따라 보험금을 지급하도록 변경되었다.

20. **자동차보험계약의 청약철회에 대하여 설명하시오.**

1. 청약철회의 기간
   보험계약자는 보험증권을 받은 날부터 15일과 청약을 한 날부터 30일 중 먼저 도래하는 기간 내에 보험계약의 청약을 철회할 수 있다.
2. 청약철회의 예외
   ① 전문보험계약자가 보험계약의 청약을 한 경우
   ② 의무보험에 해당하는 보험계약
   ③ 보험기간이 90일 이내인 보험계약
3. 청약철회 후 보험료 반환기간
   보험회사는 보험계약자의 청약 철회를 접수한 날부터 3영업일 이내에 받은 보험료를 보험계약자에게 환급함

21. **휴업손해에 대하여 서술하시오.**

Ⅰ. 휴업손해의 인정 요건
　　1. 치료기간이어야 한다.
　　2. 휴업을 하여야 한다.
　　3. 손해가 발생하여야 한다.
　　　　• 회사가 급여를 지급한 경우 휴업손해 부존재
　　　　• 회사의 급여 지급에 따른 금액은 특별손해
　　　　• 피해자가 무직자, 연소자, 학생, 연금생활자, 기타 금리나 임대료 생활자는 휴업손해 부존재.
Ⅱ. 휴업손해를 산정하는 산식
　　1. 산식
　　　1일 수입감소액 × 휴업일수 × 85%
　　2. 휴업손해의 기준이 되는 소득
　　　　• 19세부터 65세까지 인정한다.
　　　　• 19세 미만, 65세 이상자 중 취업자는 휴업손해 인정
　　　　• 가정주부의 경우도 65세까지만 휴업손해를 인정한다.

22. **다음 사례에서 갑, 을, 병의 책임에 대하여 서술하시오.**

> [사고발생사항]
> 갑은 자기 소유 승용차를 운전하여 강릉으로 여행을 가던 중 차량계기판에 주의불이 들어와 을이 운영하는 강릉○○ 정비업체에 수리를 의뢰하였다. 정비업체의 직원 병이 수리 후 동 차량을 시운전하던 중 보행인(갑·을·병과는 인적관계 없음)을 치어 상해를 입힌 사고가 발생하였다.
>
> [보험계약사항]
> 갑은 A보험회사의 자동차보험 대인배상 Ⅰ·Ⅱ에 가입하였다.

1. 운행자책임
　자동차보유자 → 운행자책임을 부담하지 않는다.
　정비업자 등 자동차를 취급하는 자에게 자동차를 위탁하면 취급업자가 실질적인 운행지배를 한다.
2. 운전자한정운전 특약
　운전자한정운전 특약 위반의 예외로서 자동차취급업자의 사고시에 대인배상Ⅱ가 보상되려면, 기명피보험자의 배상책임이 발생해야 한다.
3. 피보험자 여부
　갑은 기명피보험자이며, 정비업자 을, 병은 대인배상Ⅰ에서만 (승낙)피보험자가 된다.

4. 결론

- 소유자 갑 : 차량의 정비를 위탁하였으므로 운행자책임 및 민법상책임이 발생하지 않음(운전자한정운전 특약 면책)
- 을 : 정비업체 운영자로서 운행자책임 및 민법상 사용자책임이 발생한다.
- 병 : 정비업체 직원(운전자)으로서 운행자책임은 없으나, 민법상 일반 불법행위책임이 발생한다.
- 을, 병 : A보험회사에서는 보행인에게 대인배상 I의 보상책임이 발생한다. 단, 갑의 보험료 할증은 안됨

23. 상실수익액 산정기준을 설명하시오.

답 I. 의의

- 소극적 손해

  장래(취업가능연령까지 가동하지 못한 소득 상실분)

II. 상실수익의 결정 산식

① 사망의 경우

  (월현실소득액 − 생계비) × 취업가능월수에 따른 호프만 계수

② 후유장해의 경우

  월현실소득액×노동능력 상실률×노동능력 상실기간에 해당하는 호프만 계수

III. 상실수익 산정의 기초가 되는 소득의 시점

① 원칙

- 사고 당시의 직업을 기준하여 산정한다.
- 급여소득자의 경우 사고 직전 또는 장해발생이나 사망 직전 3개월간의 평균임금
- 계절적 영향이 있는 경우 과거 1년 소득을 평균하여 월평균소득을 인정한다.

② 예외

- 사고 또는 후유장해나 사망 직전, 급여가 일률적으로 인상된 경우 인상된 급여를 인정한다.
- 취업결정 후 취업 전 : 근로계약서상 또는 취업규칙상 금액 인정
- 사업소득자는 과거 1년간의 소득을 기준하여 산정한다.

24. 사업소득자 입증가능한 경우 산식에 대하여 설명하시오.

답 (1) 산식
- (연간수입액 - 제경비 - 제세공과금) × 노무기여율 × 투자비율
- 동업자가 있는 경우 투자비율의 입증이 불가능할 때는 '1/동업자 수'로 한다.
- 노무기여율은 85%를 한도로 타당한 비율을 적용한다.

(2) 경비입증이 불가능한 경우
- {(연간수입액 - 주요경비) - (연간수입액 × 기준경비율 또는 단순경비율) - 제세공과금} × 노무기여율 × 투자비율
- 소득세법에 의하여 단순경비율 적용 대상자는 기준경비율 대신에 단순경비율을 적용한다.
- 주요경비란 매입비용, 인건비, 임차료를 말한다.

25. 과실상계의 법리와 현행 자동차보험 제도상 과실상계의 운용에 관하여 설명하시오.

답 1. 과실 및 과실상계 정의

과실이란 일정한 결과가 발생한다는 것을 알 수 있었음에도 불구하고 주의를 게을리하여 알지 못한 것을 말하며, 과실상계란 불법행위로 인한 손해배상에서 피해자의 과실이 손해의 발생 또는 확대에 기여한 경우 손해의 공평한 분담을 위하여 피해자의 손해배상금을 산정할 때, 피해자의 과실만큼 참작하여 손해액에서 공제하는 것을 말한다.

2. 자동차보험약관의 과실상계 규정

① 대인배상 I, 대인배상 II 는 피해자 측의 과실비율에 따라 상계

② 무보험자동차에 의한 상해의 경우에는 피보험자의 과실비율에 따라 상계

③ 대인배상 I는 상계 후 사망보험금은 위 ①에 의하여 상계한 후의 금액이 2,000만원에 미달하면 2,000만원을 보상

26. 취업가능월수에 대하여 설명하시오.

📋 1. 취업가능월수의 의의
- 정년연월일 = 출생연월일 + 정년기간
- 취업가능월수 = 정년연월일 − 사망 또는 후유장해 발생연월일

2. 정년연월일

① 65세 되는 날, ② 법령, 취업규칙상 정년, ③ 62세 이상 취업가능월수 중 가장 긴 기간이 정년연월일이다.

62세부터 − 67세 미만	67세부터 76세 미만	76세 이상
36개월	24개월	12개월

27. A의 상실수익액을 구하시오. (입원기간 제외)

- A(63세)는 2025년 1월 1일에 교통사고로 머리를 크게 다쳐 12개월간 입원 치료를 하였다. 노동능력 상실률은 30%이고 과실은 없다.
- 회사 재직 중 급여는 3백만원이고, 정년은 65세이며 정년까지 12개월 남은 상태이다.
- 일용근로자 임금은 2,000,000원이다. (호프만계수 : 12개월 : 11, 24개월 : 22, 36개월 : 31)

📋 입원기간 1년을 제외하면 취업규칙상 정년은 1년 남았다. 62세 이상의 취업가능월수를 보면 64세로 62세 ~ 67세 사이에 해당하여 취업가능월수는 36개월이다.
- 정년까지) 월현실소득 3,000,000원 × 30% × 11개월 (H계수) = 990만원
- 정년 이후) 2,000,000 × 30% × (31 − 11) = 1,200만원

28. 대인배상Ⅰ과 대인배상Ⅱ의 차이에 대하여 서술하시오.

답

대인배상Ⅰ과 대인배상Ⅱ의 차이		
	대인배상Ⅰ	대인배상Ⅱ
강제성	• 강제보험 • 피해자 1인당 한도 • 한 사고당 한도(×)	임의보험
보상한도	• 부상, 후유장해 – 14등급 한도 • 사망 1억 5천만원	① 부상, 후유장해, 사망 구분 없이 한도 설정. ② 대부분 무한으로 가입
담보	자배법상 손배책임	자배법, 민법, 국가배상법상의 손배책임
피보험자의 범위	• 대인Ⅱ + 자동차취급업자 • 대리운전자, 보유자	기명, 친족, 허락, 사용, 운전피보험자
운전자 한정	적용 배제	적용됨
면책조항	고의면책 : 피해자에게 보상 후 피보험자에게 구상	고의, 무면허운전, 유상운송, 천재지변, 핵연료, 친족피해자, 산재면책조항 존재
직접 청구권	압류, 상계, 양도 불가	압류, 상계, 양도 가능
가불금 제도	치료비 / 치료비 외	치료비
유사점	1. 지급기준 2. 진료수가 제도 3. 과실상계 후 손해배상금이 치료비(입원 간병비)에 미치지 못하면 최소한 치료비 (간병비 포함)는 보상한다.	

29. 다음 A와 B의 교통사고 등급을 구하고 등급 병합에 대하여 서술하시오.

> 1. A는 교통사고로 신경손상이 동반된 개방성 주관절 탈구로 수술시행하였다. 주관절 탈구는 상해등급 6등급이다.
> 2. B는 교통사고로 신경손상이 동반된 요골원위부 관절내 골절로 수술하지 아니하였다. 요골 원위부 관절내 골절은 상해등급 5등급이다.

답 [A의 경우]

- 주관절 탈구는 6급 상해등급이다.
- 개방성 골절 시 1등급 상향 조정한다.
- 신경손상을 동반한 경우도 1급 상향 조정한다.
- 1급 상향조정이 2개 있는 경우 높은 것 하나만 적용하기 때문에 5급이 된다.

[B의 경우]

- 요골원위부 관절내 골절은 5급상해이다.
- 수술하지 않고 보존적 치료를 한 경우 2등급 하향 조정한다. 그러면 7등급이 된다.
- 신경손상이 동반된 경우 1급 상향조정한다.
- 상향과 하향조정을 모두 적용하면 6급이 된다.

① 상해등급의 상향 및 하향조정의 원칙

1) 상향 등급과 하향 등급이 존재할 경우 서로 상계한다.

2) 큰 폭의 상향(하향)과 작은 폭의 상향(하향)이 중복될 경우 높은 것 하나만 적용된다.

3) 상향조정 요인과 하향조정 요인이 여러 개가 함께 있을 때에는 큰 폭의 상향 또는 큰 폭의 하향조정 요인을 각각 선택하여 함께 반영한다.

② 3등급 상향 또는 하향

주요 골절 및 탈구 등급에 대하여 보존적 치료를 한 경우에는 해당관절의 골절 및 탈구보다 3등급 낮은 등급을 적용한다.

③ 2등급 상향 또는 하향

1) 상향

수술을 시행한 사지 주요 관절탈구는 해당 관절에 보존적 치료한 탈구보다 2등급 높은 등급을 적용한다.

2) 하향

보존적 치료, 단 도수정복 및 경피적 핀고정술을 시행한 경우 해당 등급에서 1등급 하향조정 한다.

④ 1등급 상향 또는 하향

1) 상향

(1) 2등급에서 11등급의 상해 중 개방성 골절 또는 탈구에서 개방창의 길이가 1cm 이상인 경우 1등급 상위 등급을 적용한다.

(2) 골절로 주요 말초신경이 동반된 경우 해당골절보다 1등급 상향조정한다.

(3) 2등급에서 11등급의 상해가 중복된 경우 가장 높은 등급에 해당하는 상해등급부터 하위 3등급에 해당하는 상해가 중복된 경우 한 등급 상향조정한다.

2) 하향

(1) 도수정복 및 경피적 핀고정술을 시행한 경우 해당 등급에서 1등급 하향조정한다.

(2) 소아(만 13세 미만)의 경우 성인의 동일부위 골절보다 1등급을 낮게 적용한다. 다만, 성장판 파열이 동반된 경우와 연부조직 손상은 성인과 동일한 등급을 적용한다.

⑤ 등급 조정 없음

동일 관절 혹은 동일 골의 손상은 병합하지 아니하며 상위 등급을 적용한다.

⑥ 기타

1) 근, 건, 인대파열이란 완전 파열을 말하며, 부분파열이라도 수술한 경우는 완전 파열로 본다.

수술하지 않고 보전적 치료를 한 경우 근 또는 건의 단순 염좌(12급)로 본다.

2) 일반상해와 치아보철 상해의 병합

일반외상과 치과 보철이 필요한 경우 등급을 상향조정하지 않고 각각의 상해등급 한도 내에서 배상하되, 그 합산액이 1급 한도를 초과할 수 없다. 일반외상과 성형이 병급된 경우 상해등급 한도 내에서 성형비도 지급된다.

30. 다음 사례에 대한 물음에 답하시오.

- A는 개인형 이동장치(Personal Mobility, PM)을 타고 가다 커브길에 미끄러지면서 인도를 정상 보행 중인 보행인 B를 치어 사망케 하였다.
- B의 배우자는 갑 보험회사의 자동차보험 대인배상 I · II 에 가입했다. B의 과실은 없다.

1) 개인형 이동장치(PM)의 정의 및 종류를 서술하시오.

1. 정의

"개인형이동장치"란 원동기장치자전거 중 시속 25킬로미터 이상으로 운행할 경우 전동기가 작동하지 아니하고 차체 중량이 30킬로그램 미만인 것으로서 행정안전부령으로 정하는 것을 말한다.(도로교통법 제2조 19호의 2)

2. 종류

도로교통법 제2조 제19호의 2에서 "행정안전부령으로 정하는 것"이란 다음 각 호의 어느 하나에 해당하는 것으로서 「전기용품 및 생활용품 안전관리법」 제15조 제1항에 따라 안전확인의 신고가 된 것을 말한다.(도로교통법 시행규칙 제2조의 3)

① 전동킥보드

② 전동 이륜평형차

③ 전동기의 동력만으로 움직일 수 있는 자전거

2) 위 피해자에 대한 갑 보험회사의 보상책임 및 보상의 범위에 대하여 설명하시오. (10점)

🔖 1. PM 이용자가 확인된 경우
- 개인형이동장치는 자동차관리법상 이륜자동차에 해당하여 의무보험 가입이 강제되는 자동차이나, 현실적으로 개인형이동장치를 담보하는 책임보험이 없다는 이유로 국토교통부 및 보험실무에서 피해자는 정부보장사업의 보상을 받지 못한다. 따라서, 피해자는 갑 보험회사의 무보험차상해로 청구해야 한다.
- 피해자는 기명피보험자의 배우자로서 피보험자에 해당하고, 도로교통법에 의한 개인형이동장치는 무보험자동차에 포함되며, 배상의무자(PM 이용자)가 있으므로 갑보험회사는 무보험차상해의 보상책임이 발생한다. 다만, 개인형이동장치로 인한 손해는 자배법 시행령 제3조에서 정하는 금액을 한도로 보상한다.

2. PM 이용자가 확인되지 않은 경우

무보험자동차에는 '피보험자를 죽게 하거나 다치게 한 자동차가 명확히 밝혀지지 않은 경우'가 포함되나, 도로교통법에 의한 개인형이동장치는 제외된다. 따라서, 도로교통법에 의한 개인형이동장치로 사고를 당하였지만, PM 이용자가 도주하여 가해 자동차(PM 이용자)가 명확히 밝혀지지 않았다면, 무보험자동차에 의한 사고가 아니므로 갑보험회사의 무보험차상해는 면책된다.

31. 2025년 차량소유자 A는 강남대로를 본인이 직접 운전하다 맞은편에서 오는 B차량과 정면 추돌 사고가 발생했다. 이 사고로 B차량의 탑승객 C가 사망하였다.

> - B차량 : 무보험차량(대인배상 I 도 미가입)
> - A차량 : 갑보험회사에 대인배상 I 만 가입
> - A차의 과실 : 40%이고, B의 과실 : 60%, C의 손해배상액이 1.5억

C가 갑보험회사에서 보상받을 수 있는 금액과 정부보장사업에서 배상 받지 못한 금액에 대하여 추가 청구할 수 있는가? (타차운전자특약은 고려하지 않음)

🔖 갑 보험자(연대책임)는 1억 5천만원을 C에게 보상하고, 과실 부분에 해당하는 9천만원을 B에게 구상한다.(1.5억 대인1 한도, 총 손해 1.5억. B과실 60%에 해당하는 손해 9천만원) 정부보장사업에서 배상받을 수 없다.

32. 다음 조건에서 B와 C보상책임 발생 여부에 대하여 서술하시오.

> A는 차주이며 기명피보험자이다. A는 아들인 B (만 16세 미성년자, 음주상태, 무면허운전)가 A의 허락이 없이 A소유 자동차를 운전 중 사고로 보행인 C와 B가 중상을 입었다. 자동차보험(자동차상해 포함)을 '40세 이상 연령한정운전특약'으로 가입하였다.

📋 기명피보험자의 허락이 없어도 아들 B는 친족피보험자이다. 무면허운전, 연령한정운전특약 위반에 대하여 피보험자 개별적용하여 기명피보험자의 명시적 또는 묵시적 승인이 없기 때문에, 기명피보험자가 C에게 지는 배상책임은 보험자가 대인배상 I, II에서 보상한다. 다만, B는 연령한정특약을 위반한 피보험자이기 때문에 자기신체사고에서 면책되고 B에 대한 구상은 친족피보험자이기 때문에 보험사는 구상하지 못한다.

33. 다음 A, B, C의 손해액을 구하시오.

> - 차량소유자 A의 차를 친구인 B가 운전하여 휴가를 가던 중 B가 졸음운전을 하여 지나가는 행인 C를 치어 부상을 입혔다. 이 사고로 가로수를 충돌하여 A, B, C가 부상을 입었다.
> - A차주의 보험담보 : 갑 보험회사의 자동차보험 대인배상 I · II 에 가입(가족운전자한정특약)
> - B운전자의 보험담보 : 본인 소유 자동차를 을 보험회사 자동차보험 전담보(자기신체사고, 타차운전담보특약 포함)에 가입
>
> [손해액은 다음과 같다]
> ① C의 손해액(1급) : 부상 손해액 5,000만원, 후유장해 손해액은 2억원. 과실없음
> ② A의 손해액 : 치료비 1,200만원, 휴업손해 1,000만원, 위자료 200만원, 간병비 500만원(60일분), 상실수익액 2,000만원이다. (후유장해급수7급)
> ③ B의 손해액 : 치료비 1,200만원, 휴업손해 700만원, 위자료 200만원, 상실수익액 1,000만원이다. (후유장해급수 7급)
>
> [갑 대인배상 보상한도]
>
> | | 대인배상 I | 자기신체사고 |
> |---|---|---|
> | 부상 | 부상등급1급 3,000만원 | 1,500만원 |
> | 후유장해 | 후유장해1급 1억5천만원 | 3,000만원(7급) |

答 1. C의 보상액 결정

- 갑 대인배상 I 에서 부상 5,000만원 중 한도 3,000만원 지급

  후유장해 2억 중 한도 1억5천만원 지급

- 을 타차운전 특약 : 2,000 + 5,000 = 7,000만원 지급

2. A, B에 대한 보상

   차주(A)에 대한 배상책임은 타차운전담보특약 대인배상 II 면책하고 자기신체사고로 보상한다.

3. A, B는 공제액 없는 사고이므로 부상은 1,200만원 보상하고, 후유장해는 등급 정액 3,000만원을 보상한다.

34. (피해자측과실) 다음 조건을 보고 물음에 답하시오.

A는 배우자 C와 함께 춘천으로 본인 소유의 차를 운전하고 가는 중 반대 방향에서 오는 B가 운전하는 차량과 충돌하였다. 이 사고로 C가 부상을 입었다.

[과실 비율]

- A의 과실 : 40%, B의 과실 : 60%.
- C의 손해배상액 : 2억
- C의 동승자감액비율 : 50%

[보험가입내용]

- A : 갑 보험회사에 대인배상 I, II 와 자기신체사고(사망 1억한도)에 가입
- B : 을 보험회사에 대인배상 I, II 이 가입

1) 피해자측 과실에 대하여 서술하시오.

答 1. 정의

   피해자에 대한 손해배상금을 산정함에 있어 피해자와 일정한 신분적 관계에 있는 피해자측의 과실을 피해자의 과실과 동일시하여 참작하는 제도를 말한다.

2. 의의

   공동불법행위자 사이의 구상관계를 간편하고 합리적으로 해결하기 위함

3. 적용 조건

   쌍방과실에서 A소유의 차량에 탑승한 승객이 사상한 경우 A운전자와 탑승객이 경제적 귀속주체가 동일하다고 판단된 경우

   가. 판단기준

   ① 피해자와 신분, 생활관계상 특별한 관계

   ② 손해계산의 귀속 등 실질적 경제관계

   ③ 동일 생활단위에 속한다는 신뢰적, 우의적 관계

   ④ 공동불법행위자 간의 구상 관계의 간략화

   ⑤ 결과의 공평 타당성 등을 참작하여야 한다. 대체로 감독의무자, 피용자, 가족관계에 있는 자에 대하여는 이를 인정할 수 있을 것이다.

2) 갑, 을 보험회사에서 C에게 보상할 보험금을 구하시오.

📋 C의 실제 손해액 : 2억
  - 과실 상계 후 손해배상액 : 1억원 (2억원 × 50%)
  - 을 보험사의 손해배상액 : 6천만원 (1억원 × 60%)
  - 갑 보험의 (대인Ⅰ) 손해배상액 : 4천만원 (1억원 × 40%)
  - C는 A의 아내로 갑보험사의 피보험자가 된다.
  - 자기신체사고 : 2억원 - 6천만원 - 4천만원 = 1억원 보상한다.

35. 다음을 보고 갑, 을 보험회사의 지급보험금을 구하시오.

A는 본인 소유 자동차를 운전 중 무단횡단 중인 B를 치어 부상을 입혔다.
- B의 상해등급 : 1급으로 보상한도는 3,000만원
- 후유장해 : 1급으로 5,000만원이 한도
- B의 손해액 : 치료비 2,000만원, 휴업손해 2,000만원, 상실수익액 9,000만원, 부상 위자료 500만원, 후유장해 위자료 1,000만원 (무과실 산정 금액).
- B의 과실 : 20%.

[보험가입내용]
① A차량 : 갑 보험회사에 대인배상Ⅰ만 가입
② B차량 : 을 보험회사에 대인배상Ⅰ, Ⅱ에 가입

📋 부상 위자료 500만원과 후유장해 위자료 1,000만원 중 큰 것 하나만 인정한다. 무보험상해담보는 손해배상액 중 갑 대인배상Ⅰ에서 받은 금액을 공제한 잔액 (배상받지 못한 금액)을 피해자이면서 피보험자인 B가 가입한 무보험상해담보에서 보상을 한다.

	부상	후유장해
손해액	4,000만원(2,000＋2,000)	1억원(9,000＋1,000)
손해배상액(과실 20% 상계)	3,200만원	8천만원
갑 대인Ⅰ	보상한도 3,000만원 지급	보상한도 5,000만원 지급
을 무보험상해담보	200만원	8천만원 - 5천만원 = 3천만원

36. 타차운전특약의 면책사유에 대하여 서술하시오.

───

답 1. 피보험자가 소속한 법인이 소유하는 자동차

2. 사용자가 소유 자동차, 사용자를 위한 업무 중 사고

3. 자동차취급업자가 업무로 위탁받은 자동차 사고

4. 피보험자가 요금 또는 대가를 지불하거나, 받고 다른 자동차를 운전하던 중 (대리운전 중)

5. 시험용 또는 경기 중 사고

6. 무단운전, 절취운전 중 사고

7. 운전자한정특약 위반(타차특약에 가입된 자동차보험의 기준)

8. 소유자에 대한 배상책임 - 대인면책

9. 자기신체사고/ 자동차상해에서 보상

37. 자동차보험 사고부담금 제도와 관련하여 다음 물음에 답하시오.

> [사건 개요]
> A가 자신의 승용차를 음주(혈중 알콜농도 0.07%) 운전하다가 인도를 걷고 있던 보행인 B, C를 충격하여 두 사람 모두 치료 중 사망하였다.
>
> [자동차보험 계약사항]
> • 대인배상 I (사망 1억 5천만원, 부상 3천만원, 후유장해 1억 5천만원)
> • 대인배상 II (무한)
>
> [손해상황]

구분	치료 관계비	휴업 손해액	간병비	장례비	사망 위자료	상실 수익액	합계
B	400만원	200만원	400만원	500만원	8천만원	50,500만원	60,000만원
C	3천만원	1천5백만원	500만원	500만원	8천만원	40,500만원	54,000만원

1) 최근 신설 또는 개정된 사고부담금에 대하여 설명하시오. (10점)

───

답 1. 사고부담금의 정의

피보험자 본인 또는 기명피보험자의 명시적·묵시적 승인 하에서 피보험자동차의 운전자가 음주운전(혈중알콜농도 0.03%이상, 음주측정불응), 무면허 운전, 마약·약물운전을 하는 동안에 생긴 사고 또는 사고발생시의 조치의무를 위반한 경우로 보험회사가 대인배상 I , II 또는 대물배상에서 보험금을 지급하는 경우, 피보험자는 사고부담금을 보험회사에 납입하여야 한다.

2. 사고부담금 금액

1) 대인배상 I : 대인배상 I 한도내 지급보험금

2) 대인배상 II : 1사고당 1억원

2) 위 사례에서 2021년 12월 27일 개정된 약관(2022년 7월 28일 이후 책임개시 계약) 규정과 그 직전 약관 규정에 따라 구분하여, A가 부담할 사고부담금을 각각 계산하시오. (10점)

📋 **1. B의 손해액**

① 부상보험금 : 1,000만원(400 + 200 + 400)

② 사망보험금 : 59,000만원(500 + 8,000 + 50,500)

③ 지급보험금 : 60,000만원(대인배상Ⅰ : 1억8천만원, 대인배상Ⅱ : 42,000만원)

2. C의 손해액

① 부상보험금 : 5,000만원(3,000 + 1,500 + 500)

② 사망보험금 : 49,000만원(500 + 8,000 + 40,500)

③ 지급보험금 : 54,000만원(대인배상Ⅰ : 1억8천만원, 대인배상Ⅱ : 36,000만원)

II. 개정전 사고부담금

• A의 사고부담금

1사고 당 기준으로 B, C의 손해액 중, 대인배상Ⅰ에서 1,000만원, 대인배상Ⅱ에서 1억원을 납입한다.

III. 개정후 사고부담금

• A의 사고부담금

B, C에게 지급된 대인배상Ⅰ 전액인 3억 6천만원과 대인배상Ⅱ는 1사고당 기준으로 1억원을 납입한다.

38. 다음을 참고하여 각 물음에 답하시오.

> [대리운전 의뢰]
> 보유자 A는 퇴근 후 회사 동료들과 함께 회식을 마치고 귀가하기 위하여 대리운전업체인 대리운전회사 B에게 대리운전을 의뢰하였다.
>
> [자동차사고 발생 및 손해 상황]
> 차량의 소유자인 A로부터 자동차 열쇠를 건네 받은 B 대리운전업체 소속 대리운전기사 C가 그 자동차를 운행하던 중 운전 부주의로 보행자인 D를 충격하는 사고를 야기함으로써 D와 동승자 A가 상해를 입었다.

1) A, B, C의 D에 대한 손해배상책임에 대하여 논하시오.

📋 **1. 운행자책임** : 판례는 자동차 보유자(A)와 대리운전회사(B), 대리운전자(C) 모두에게 운행지배와 운행이익이 있어 운행자책임을 부담한다.

2. 민법상책임

① A : D에게 민법상책임이 발생하지 않는다.

② B : D에게 사용자책임이 발생한다.

③ C : D에게 불법행위책임이 발생한다.

2) A에 대한 B의 손해배상책임에 대하여 설명하시오.

📌 A는 단순 동승자로서 해당 차량에 대한 운행지배와 운행이익이 없고 B에 대하여 타인에 해당하므로 B는 A에 대하여 운행자책임과 민법상 사용자책임을 진다.

39. 아래를 참고하여 A가 갑 보험의 자기신체사고에서 보상받을 수 있는 금액을 구하시오.

> 교차로 1차선에서 좌회전하던 A는 같은 방향 2차선에서 좌회전하는 B와 충돌하여 A가 요추부 골절로 병원에서 치료를 받았다.
>
> [과실]
>
> • A : 70%, B : 30%,
>
> • A의 손해액
>   부상위자료 100만원, 치료비 900만원, 후유장해 1,000만원
>
> [보험가입내역]
>
> ① A : 갑 보험회사에 대인배상Ⅰ과 Ⅱ(자기신체사고) 가입. 자동차상해는 부상 1,000만원, 후유장해 및 사망은 1억 한도
>
> ② B : 을 보험회사에 대인배상Ⅰ과 Ⅱ(자기신체사고) 가입

📌

	부상	후유장해
손해액	1,000만원	1,000만원
을 보험지급	900만원 (최저 치료비 보장)	0
갑보험사의 자기신체사고 보험금	1,000만원 - 900만원 = 100만원 < 1,000만원	1,000만원

40. 아래를 참고하여 A가 갑 보험회사에 청구할 자기신체사고 보험금을 구하시오.

A는 경인 고속도로를 주행하다 빗길에 미끄러져서 중앙분리대와 충돌하여 동승했던 친구 B가 중상을 입었다. B의 손해액을 구하시오.

[B의 손해배상액]

치료비 1,000만원, 부상위자료 200만원, 휴업손해 1,000만원, 상실수익액 3,000만원, 후유장해 위자료 100만원, 과실은 무과실로 산정

[보험가입내역]

① A는 갑 보험회사에 대인배상 I 만 가입되어 있다. 부상은 1등급(보상한도 2,000만원)이고 후유장해는 1등급(보상한도 2,000만원)이다.

② B는 을 보험사에 대인배상 I 과 II (자기신체사고) 가입

- 갑 보험회사는 대인배상 I 만 가입되어 있기 때문에 대인배상 I 을 초과하는 손해는 B의 자동차의 무보험상해담보에서 보상을 한다.
- 을 보험회사의 자동차상해 면책 : 피보험자동차 사고가 아님
- 부상위자료와 후유장해 위자료 중 큰 것 지급

구분	부상	상실수익액
손해배상액	2,200만원	3,000만원
갑보험회사 대인배상 I	2,000만원	2,000만원
을 무보험상해담보	2,200만원 − 2,000만원 = 200만원	1,000만원

A는 2025년 서울 강남대로 1차선에서 직진 중 2차선에서 급차선 변경을 하던 B의 자동차와 충돌하였다. 이 사고로 A차에 타고 있던 A의 배우자 C가 중상을 입었다.

- 과실비율 : A가 30%, B가 70%

[C의 손해액]

- 동승자감액비율 : 20%
- 부상손해액 8,000만원, 후유장해 손해액 1억

[보상 한도]

구분	대인배상 I	자기신체사고
부상	3,000만원	1,500만원
후유장해	3,000만원	2,000만원

[보험 가입내역]

A차는 갑보험에 대인배상과 자기신체사고가 가입되어 있다. B차량은 을보험회사 대인배상 I , II 가 가입되었다.

답

구분	부상	후유장해
손해액	8,000만원	1억
손해배상액(20% 동승자감액)	6,400만원	8,000만원
70% 을보험 대인배상 I , II 보상	4,480만원	5,600만원
30% 갑보험 대인배상 I 보상	1,920만원 (한도 3,000만원) 지급	2,400만원 ≤ 한도 3,000만원 2,400만원을 지급
자기신체사고	8,000 - 4,480 - 1,920 1,600만원 이나 한도 1,500만원 이므로 1,500만원 지급	1억 - 5,600 - 2,400 2,000 ≤ 2,000

42. 아래를 참고하여 A가 갑 보험회사에 청구할 자기신체사고 보험금을 구하시오.

A는 주말에 친구 결혼식을 참석하기 위해 자기 자동차를 운전 중 B가 운전 중인 자동차와 충돌하였다.

[과실]

- A : 70%, B : 30%
- A의 손해액

  위자료 200만원, 휴업손해 1,800만원, 치료비 7,500만원, 간병비 500만원, 후유장해 1억

[계약내용]

- A는 갑 보험회사에 대인배상 I, II 이 가입
- B는 을 보험회사에 대인배상 I, II 이 가입

갑보험사 자기신체사고 1급 한도	
부상	1,500만원
후유장해	3,000만원

답

	부상	후유장해
	1억원	1억
을 대인보험금	8,000만원 (치료비 전액 보상)	0
갑 자기신체사고	2,000만원이나 보상한도 1,500만원이므로 1,500만원	1억 < 보상한도 3,000만원 = 3,000만원

- 총 손해 (부상 1억원 + 후유장해 1억)의 30%를 적용하면 6천만원이 치료비 7,500만원과 간병비 500만원의 합계액에 미치지 못하였기 때문에 을 보험 대인배상에서 치료비 8,000만원 (7,500만원 + 간병비 500만원)을 지급한다.
- 부상손해액 1억원 중 8,000만원을 공제하면 잔액은 2,000만원이고, 자기신체사고 부상 보상한도가 1,500만원이기 때문에 부상보험금으로 1,500만원을 지급한다. 후유장해 손해액은 1억이고, 을 보험회사에서 지급한 금액이 없다. 따라서, 후유장해 보상한도 3,000만원이므로 3,000만원을 지급한다.

43. A의 손해액을 산정하시오.

A는 자기 소유의 차량으로 서울 영등포에서 인천으로 퇴근 중에 일방통행에서 역주행하는 B차량과 추돌하였다. 그 사고로 A는 뇌손상을 입어 1급의 부상과 1급의 후유장해를 입었다.

[계약가입내용]
- A : 갑 보험사에 대인배상Ⅰ과 Ⅱ (자기신체사고) 가입
- B : 을 보험회사에 대인배상Ⅰ만 가입

을 보험회사의 1급 한도	
부상	3,000만원
후유장해	1.5억

- A의 손해액 : 부상 5천만원, 후유장해 2억원, 과실 20%

답

	부상	후유장해
손해액	5천만원	2억원
손해배상액(과실 20%)	4천만원이나 을보험회사의 대인배상Ⅰ 한도 3,000만원이므로 3,000만원 지급	1억 6천만원이나 을보험회사의 대인배상Ⅰ 한도 1억 5천만원이므로 1억 5천만원 지급
갑보험회사의 무보험상해	4천만원 - 3천만원 = 1천만원	1.6억원 - 1.5억원 = 1천만원
갑보험회사의 자기신체사고	5천만원 - 3천만원 - 1천만원 = 1천만원	2억 - 1.5억원 - 1천만원 = 4천만원

44. 다음과 같은 사실관계를 기초로 하여 각 물음에 답하시오. (25년 기출)

甲(갑)은 2025. 3. 1. 친구인 乙(을) 소유의 자동차에 탑승하여 근무지인 어린이집으로 가고 있었다. 그런데 동승 중인 甲은 시속 50㎞로 정상 주행 중이던 위 자동차의 뒷문을 열고 갑작스럽게 뛰어내려 중상을 입고 사망하였다. 甲은 사고 당시 어린이집 교사로서 기존의 정신병적 질환이 완치되지 아니한 상태였고, 어린이집 업무수행과 관련하여 상당한 심리적 불안감을 느끼고 있었다. 甲은 이 사고 이전에 사회복지사 자격증을 취득하였고, 평소 교회에서 피아노 반주를 해온 사실이 인정되었다. 乙은 2024. 5. 1. 보험회사와 자신을 기명피보험자로 하는 개인용자동차보험(보험기간: 2024.5.1. ~ 2025.5.1.)에 가입하였다.

1) 자동차손해배상보장법 제3조 본문의 손해배상책임 발생요건에 대하여 서술하시오.

답 1. 자배법 제3조 본문

자기를 위하여 자동차를 운행하는 자는 그 운행으로 다른 사람을 사망 또는 부상하게 한 경우에는 그 손해를 배상할 책임을 진다.

2. 자기를 위하여

운행이익과 운행지배가 있다는 것으로써, 운행이익이란 경제적 이익은 물론 정신적 만족감까지 포함하며, 운행지배란 타인이 운전하는 경우라도 운행지배가 가능하거나 지배가능성이 있는 것을 말한다.

3. 자동차

자동차관리법상 자동차와 건설기계관리법상 9종 건설기계가 해당된다.

4. 운행

사람 또는 물건의 운송 여부와 관계없이, 자동차를 그 용법에 따라 사용하거나 관리하는 것을 말한다.

5. 운행으로

자동차를 운행하는 자는 운행 중에 일어난 모든 사고에 대하여 책임을 지는 것이 아니라 그 중에서 운행으로 말미암아 일어난 사고에 대하여만 책임을 지는 것이다.

6. 다른사람

운행자 및 운전자를 제외한 자를 말한다.

2) 자동차손해배상보장법 제3조 단서에서 규정하고 있는 면책요건에 대하여 피해자가 승객이 아닌 자와 승객인 경우로 나누어 설명하시오.

1. 승객이 사상한 경우의 운행자 면책요건

   승객의 고의 또는 자살행위로 말미암은 것
   → 운행자의 과실여부와 관계없이 승객의 고의나 자살행위 이외에는 운행자책임이 발생한다.

2. 승객 이외의 자가 사상한 경우

   ① 자기 및 운전자가 자동차의 운행에 관하여 주의를 게을리하지 아니하고
   ② 피해자 또는 자기 및 운전자 이외의 제3자에게 고의 또는 과실이 있으며
   ③ 자동차의 구조상의 결함 또는 기능상의 장해가 없을 것
      위 내용의 입증책임은 운행자에게 있다.

3) 위의 사례에서 乙의 甲에 대한 손해배상책임의 쟁점과 보험회사의 보상책임에 대하여 논하시오.

1. 을에게 운행자책임이 발생할 경우

   기존의 정신병적 질환을 완전히 회복하고 자유로운 의사결정에 따라 의식적으로 달리는 자동차에서 뛰어내렸다고 보기 어렵다.

2. 을에게 운행자책임이 발생하지 않을 경우

   갑이 이번 사고 이전에 사회복지사 자격증을 취득하였고, 평소 교회에서 피아노 반주를 해온 사실에 근거하여 을이 갑이 자유로운 의사결정에 따라 뛰어내렸다는 사실을 입증할 경우

45. 다음 사례에서, 현행 자동차보험 약관상 보험회사의 담보별 보상책임에 대하여 설명하고, 유족별 지급보험금을 계산하시오. (24년 기출)

[피보험자동차의 운행목적 및 사고경위]

- 보험기간 중 기명피보험자(A)가 자기 소유의 피보험자동차에 아내(B)를 태우고 휴가를 가던 중 운전 부주의로 피보험자동차가 낭떠러지로 추락하면서 아내가 현장 사망함.
- 이건 사고 당시 기명피보험자(A)는 적법한 운전면허를 소지하고, 음주운전도 하지 않았으며, 망인(B)은 안전벨트를 착용하지 아니함.

[피보험자동차의 개인용자동차보험 계약사항]

- 담보종목 및 가입금액 등 : ① 대인배상Ⅰ, ② 대인배상Ⅱ(가입금액 : 무한), ③ 자기신체사고(가입금액 : 사망 1억원, 사망 시 수익자 : 미지정)

[망인(B)의 유족]

- 배우자(A), 아버지(C), 시아버지(D), 사위(F), 외손녀(G, 미성년자)

  ※ 망인의 외동딸(E)은 F와 결혼하여 G를 낳았는데, 이건 사고 발생 전에 사망함.

  ※ 상속인들은 모두 망인(B)의 재산에 대한 상속을 단순승인함.

[망인의 손해액]

400,000,000원(동승자감액 및 과실상계 전 실제 손해액)

[동승자 감액 및 과실상계 비율]

50% (A와 B의 관계, 운행목적, 안전벨트 미착용 등 제반 사항을 고려)

📑 [보험회사의 보상책임]

1. 대인배상 Ⅰ, Ⅱ

- A : 운행자책임(운행지배), 민법상 불법행위책임
  →대인배상Ⅱ(가족면책조항 적용) A가 운전자인 B의 배우자이므로, 대인배상Ⅱ에서는 가족면책 조항에 따라 보상되지 아니한다.
- 배우자 B : 대인배상 Ⅰ(타인인정)은 보상되나, 대인배상Ⅱ는 면책 (가족면책조항)
  →자기신체사고 부책(가족피보험자)

[유족별 지급보험금]

1. 대인배상 Ⅰ

① 민법상 혼동

혼동이란 동일인에게 채권과 채무가 귀속된 때에는 채무의 범위 내에서 채권이 소멸하는 것을 말하는데, 판례는 '가해자가 피해자의 상속인이 되는 등 특별한 경우'에 혼동이 발생한다고 한다.

② 상속순위

상속순위는 제1순위 직계비속, 제2순위 직계존속, 제3순위 형제·자매, 제4순위 4촌이내 방계혈족이며, 배우자는 직계비속 또는 직계존속과 공동상속하며 5할을 가산한다.

③ 대습상속

상속인이 될 직계비속 또는 형제자매가 상속개시 전에 사망하거나 결격자가 된 경우에는 그 직계비속(배우자 포함)이 있는 때에는 그자의 순위에 갈음하여 상속인이 된다.

④ 보험금 산출

400,000,000원 × 50%(과실상계) = 200,000,000원이나 대인배상Ⅰ 한도액 150,000,000원을 지급한다.

⑤ 유족별 지급보험금

배우자(A)와 딸(E)이 1.5 : 1의 상속지분을 가지나, 배우자(A)의 상속분 90,000,000원은 혼동으로 소멸하며, 딸(E)의 상속분 60,000,000원은 대습상속 되어 사위(F)에게 36,000,000원, 외손녀(G) 24,000,000원을 지급한다. 물론, 외손녀(G)는 미성년자이므로 법정대리인인 사위(F)가 수령할 것이다.

2. 자기신체사고

① 보험금 산출

지급보험금은 실제손해액 + 비용 - 공제액이므로 400,000,000원 - 150,000,000원 = 250,000,000원이나, 자기신체사고 사망가입금액 1억원을 지급한다.

② 유족별 지급보험금

배우자(A)에게 60,000,000원, 사위(F)에게 24,000,000원, 외손녀(G) 16,000,000원을 지급한다.

MEMO

MEMO

2026 박손사의 신체손해사정사 2차 전과목 사례 및 약술 풀이집 + 100% 무료강의

발행일　　　2026년 4월 17일(초판 1쇄)

발행처　　　직업상점

발행인　　　박유진

편저자　　　박관양

편집 디자인　김지원

※ 낙장이나 파본은 교환해 드립니다.

정가　33,000원　　　　　ISBN　979-11-94695-41-7